言語のインターフェイス・分野別シリーズ 1

［監修］西原哲雄・都田青子・中村浩一郎
米倉よう子・田中真一

統語論と
言語学諸分野との
インターフェイス

中村浩一郎 ［編］

土橋善仁・岸本秀樹・毛利史生
中谷健太郎・中村浩一郎 ［著］

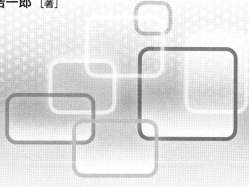

開拓社

「言語のインターフェイス・分野別シリーズ」の刊行にあたって

　本シリーズは，2019 年に刊行された『言語におけるインターフェイス』（西原哲雄・都田青子・中村浩一郎・米倉よう子・田中真一（編），開拓社）で執筆された 5 章の内容のうち 4 章（統語論，音声学・音韻論，形態論，意味論）を選択し，それぞれ分冊化したものである．

　上記の前編著書のまえがきにおいても述べたように，ことばの本質を捉えるためには，ある特定の分野や部門のみに目を向けるのでは十分ではなく，より多角的な視点で分析することが求められるのは明白であろう．すなわち，言語研究は，単一の分野の研究のみによって成り立っているのではなく，複数の分野や部門の知見を踏まえながら成立しているものである．本シリーズの各巻は，統語論，音声学・音韻論，形態論，意味論・語用論のそれぞれの立場から見た言語間・言語内を含めた各分野の相互作用という観点からの「インターフェイス」に焦点をあてた内容となっている．

　全 4 巻から成る本シリーズは，統語論，音声学・音韻論，形態論，意味論・語用論の分野を扱っている．5 人の監修者が，それぞれの巻の編集者となり，最新の動向を踏まえたうえで「インターフェイス」という視点から，言語研究の魅力をより多くの方々にお伝えできるような研究書兼概説書（テキスト）を目指した．

　各巻のタイトルおよび編集者は以下のとおりとなる．

　　第 1 巻　統語論と言語学諸分野とのインターフェイス

　　　　　　　　　　　　　　　　　　　　　　　（中村浩一郎 編）

　　第 2 巻　音声学・音韻論と言語学諸分野とのインターフェイス

　　　　　　　　　　　　　　　　　　　　（都田青子・田中真一 編）

　　第 3 巻　形態論と言語学諸分野とのインターフェイス　　（西原哲雄 編）

　　第 4 巻　意味論・語用論と言語学諸分野とのインターフェイス

　　　　　　　　　　　　　　　　　　　　　　　（米倉よう子 編）

iv

執筆者については，若手，中堅も含めて各分野を代表される方々をお迎えすることができたのは幸いなことである．本シリーズで取り上げている論考はすべて査読を経ており，十分に精査されたものが掲載されている．

　読者の方々には，各自の専門分野に関わる巻や，それに相互に関連する諸分野の巻も含めて，読み進めていただき参照していただくことをお勧めする．本シリーズは，読者の方々には自分の専門とする分野の知識をより豊かにしていただくとともに，英語学，日本語学を含む言語学研究の様々な分野についての理解を一層深めていただけるものである，と監修者一同確信している．

　　2021 年 10 月
　　　　シリーズ監修者
　　　　西原哲雄・都田青子・中村浩一郎・米倉よう子・田中真一

は し が き

　本巻は，『言語のインターフェイス・分野別シリーズ』第1巻「統語論からのインターフェイス」である．言語の構造構築を担う統語論と音韻論，形態論，意味論，文の運用，情報構造とのインターフェイス（各研究分野間の相互作用）を，理論の歴史的展開・最新の理論的発展・成果も含め，データを紹介しながら分かりやすく解説した研究書兼概説書である．

　第1章「統語論と音韻論とのインターフェイス」では，生成文法初期の時代からX′理論を経て，1990年代の最適性理論，2010年代のマッチ理論（Match Theory）に至るまでの歴史的経緯を踏まえ，統語－音韻写像について概説し，論じている．さらに，情報構造と韻律領域の関係についても論じている。

　第2章「統語論と形態論のインターフェイス」では，日本語と英語の述語の構造と形態の比較を通して，統語－形態論の相互作用を分析している．具体的には，単文構造の日英比較，日本語の多重主格構文と軽動詞構文，複合動詞構文を，豊富な用例に基づいて概説し論じている．

　第3章「統語論と意味論のインターフェイス」では，タイプ理論とλ演算子を概説し，次に名詞句の研究における名辞写像パラメータ分析などを概説する．さらに，動詞句の研究におけるDavidson分析，Neo-Davidoson分析およびKratzer分析を概観し，形容詞の段階的特性を論じている．

　第4章「統語論と言語運用のインターフェイス」では，最初に言語能力・知識の研究には文処理メカニズムの性質を取り入れる必要があると論じている．次にガーデンパス効果と関連する理論を概説し，言語運用システム側が統語解析の選択・選好に関して統語計算システムにチェック機能を果たす可能性を示している．さらに，作業記憶と文処理，予測処理と統語解析について論じている．

　第5章「カートグラフィーと情報構造のインターフェイス」では，まず，

カートグラフィーの歴史的発展と最新の理論的成果を提示する．次に，音韻的要素，語用論的要素とも関連する情報構造 (Information Structure, IS) の進展を，歴史的展開から概観し，最新の研究成果を紹介している．

「豊富なデータを駆使し，初学者にも分かりやすく概説すること」を念頭に置いて明解に書かれた全 5 章を通して，統語構造構築には，音韻・形態・意味・言語運用・そして情報構造理論が深く関連していることが分かっていただけると思う．興味深い論考をご提出いただいた執筆者の土橋善仁氏，岸本秀樹氏，毛利史生氏，中谷健太郎氏に感謝を申し上げたい．

また，本シリーズの企画に誘ってくださった，シリーズ共同編集者でもある西原哲雄氏と，共同編集者都田青子氏，田中真一氏，米倉よう子氏に深く感謝したい．最後に，本シリーズの企画を引き受けてくださり，新型コロナウィルス感染症拡大という難しい状況下で，原稿作成の段階から校正，出版に至るまで全面的にご協力いただいた開拓社の川田賢氏に心から感謝したい．

2021 年 9 月

中村　浩一郎

目　　次

第 1 章

統語論と音韻論のインターフェイス[*]

土橋善仁 (中京大学)

1.　はじめに

　生成文法における統語と音韻の関係に関する研究は，1980 年代以降急速に発展した．統語理論の精緻化と分節音 (segment) よりも大きな音の単位の体系化が進んだ結果，統語と音韻の関係を明示的に定式化することがより容易になった．語より広い範囲を領域とする音韻現象を説明するために，統語構造を参照して音韻領域を決定するという手法が浸透し，そのメカニズムに関する様々なアプローチが提案されてきた．本章では，特に統語理論の進展がどのように統語–音韻インターフェイス研究の発展に寄与してきたか，という視点で論を進める．これを通して，統語–音韻インターフェイス研究の基本的な考え方を概観し，これまでに提案されてきたいくつかの重要な理論を紹介する．なお，より音韻論的視点からの概説については，菅原 (編) (2014: 第 5 章) を参照されたい．

---

　[*] 原稿の執筆にあたり，北田伸一氏から大変有益なコメントを頂いた．ここに記して感謝する．

2. 韻律階層と厳密階層仮説

　生成文法の枠組みにおける文の派生は，語彙部門（辞書：lexicon）を起点に統語部門で句構造が構築され，音韻部門，意味部門へと構造が送られる．

(1) 語彙部門 → 統語部門 → 意味部門

音韻部門

　音韻規則が適用されるのは語彙部門と音韻部門であり，これらの部門で適用される規則はそれぞれ語彙規則（lexical rules），後語彙規則（post-lexical rules）と呼ばれる．[1] 統語–音韻インターフェイス研究の主要な課題の1つは，統語部門の情報をもとに後語彙規則の適用領域を決定する方法，つまり統語–音韻写像（syntax-phonology mapping）の仕組みを明らかにすることである．

　初期の生成文法では，統語派生の出力である表層構造（surface structure）に対し再調整規則（readjustment rule）が適用され音韻的な表示が導き出されると考えられていた．以下の例を見てみよう（Chomsky (1965: 13))．[2]

(2) a.　This is [NP the cat that caught [NP the rat that stole [NP the cheese]]]

　　b.　(ₗThis is the cat) (ₗthat caught the rat) (ₗthat stole the cheese)

(2a) に示すように，この例文の述部は，統語的には3つの名詞句（NP）から成るが，(2b) に示すように，音調（intonation）の型の切れ目はこれらの名詞句の境界に一致していない．また，例えば (ₗthat caught the rat) という音調句は，統語的な構成素を成していない．さらに，統語構造は右枝分か

---

[1] 本章は，音韻的現象の分析に関して特定の理論を想定していない．「規則」という用語は記述的な意味で用いており，制約の相互作用で音韻現象を説明する最適性理論を否定するものではない．

[2] 本章では，統語構造を角括弧 [...] で，音韻的な領域を丸括弧 (...) で示し，必要に応じてその構造や領域のラベルを左括弧の右下に示す．音韻的な領域に関しては，発話句を υ，音調句を ι，音韻句を φ，そして韻律語を ω で表す．

れで埋め込まれる形になっているが，音調構造は 3 つの音調句が姉妹関係で
並列的に並ぶ形になっている．これらの統語と音韻のズレを説明するために
再調整規則が統語部門の出力である表層構造に直接適用され，(2b) のよう
なフラットな音韻的構造が導き出される．この再調整のプロセスは，統語派
生を司る言語能力 (competence) だけでなく，言語運用 (performance) の要
因も反映して適用されると考えられていた (Chomsky and Halle (1968: 372))．

　その後，Selkirk (1980, 1986)，Nespor and Vogel (1986)（以下，N&V
と略す）などは，統語表示を直接再調整して音韻表示を作り出すのではなく，
統語表示とは別に音韻規則の適用領域を音韻部門内に設定し，後語彙規則は
これらの音韻的な表示に対して適用されるという文法モデルを提示し
た．[3] また，韻律領域 (prosodic domains) は韻律階層 (Prosodic Hierarchy)
と呼ばれる階層的な構造を成しており，その構造は厳密階層仮説 (Strict
Layer Hypothesis) (Selkirk (1984: 26)) に従うと仮定された．[4]

(3)　韻律階層

$(_{\upsilon}$　　　　　　　　　　　　　　　　)　　発話句 (Utterance)

$(_{\iota}$　　　　　　　　　) $(_{\iota}$　　　)　　音調句 (Intonational Phrase)

$(_{\varphi}$　　) $(_{\varphi}$) $(_{\varphi}$　　) $(_{\varphi}$　　)　　音韻句 (Phonological Phrase)

$(_{\omega}$) $(_{\omega}$) $(_{\omega}$) $(_{\omega}$) $(_{\omega}$) $(_{\omega}$) $(_{\omega}$)　　韻律語 (Prosodic Word)

(4)　厳密階層仮説：
　　　韻律階層におけるレベル i の韻律範疇はレベル $i-1$ の韻律範疇を
　　　直接支配しなければならない．

ここで，韻律語をレベル 1 とすると，音韻句，音調句，発話句はそれぞれ，

---

　[3] 統語表示とは別に階層的音韻構造を設定するというアプローチは，理論的枠組みは異
なるが，Halliday (1967b) によっても提案されている．
　[4] ここに示す韻律階層は 1 つの例であり，例えば N&V は音韻句と韻律語の間に接辞グ
ループ (clitic group: C) という韻律範疇を設けている．また，韻律階層は，その名の通り，
韻律的な，すなわち分節音 (segment) よりも大きな音韻的単位の階層性を規定するものな
ので，韻律語より小さく分節音よりも大きい韻律的な単位（韻脚 (foot) や音節 (syllable)
など）も包含すると考えられている．本章では，統語-音韻写像に関わる韻律語より上のレ
ベルのみを議論の対象としているため，韻脚や音節は省略する．

4

レベル 2，3，4 となり，例えば，音調句が韻律語を直接支配する (5a) のようなレベル飛ばし (level-skipping) 構造（この例では右の音調句が音韻句を飛ばして韻律語を直接支配している）や，(5b) のような同じ韻律範疇（この例では音韻句）が繰り返し現れる回帰的 (recursive) 構造は許されない．

(5) a.
$($υ $)$　　発話句
$($ι $)($ι $)$　　音調句
$($φ $)($φ $)($φ $)$　　音韻句
$($ω$)($ω$)($ω$)($ω$)($ω$)($ω$)($ω$)$　　韻律語

b.
$($υ $)$　　発話句
$($ι $)($ι $)$　　音調句
$($φ $)($φ $)($φ $)$　　音韻句
$($φ $)($φ $)($φ $)($φ $)$　　音韻句
$($ω$)($ω$)($ω$)($ω$)($ω$)($ω$)($ω$)$　　韻律語

4.2.3 節で見るように，厳密階層仮説は制限力が高すぎるため後に緩和されていくが，統語–音韻写像の研究において現在に至るまで広く議論の対象となっており，理論の制限力を高める意味でも重要な作業仮説である．

3. 統語構造と韻律領域

後語彙部門の韻律領域は，一見したところ，語や句などの統語的な単位に対応しているように見えるが，(2) でも見たように，統語的な語や句にそのまま対応しないことがある．以下，韻律語，音韻句，音調句，発話句のそれぞれにおける統語と音韻の構造の不一致の具体例を取り上げ，韻律領域を統語構造とは別に設定する必要があることを示す．なお，語境界を越えて観察される音韻現象には，ある特定の領域内部に限って見られるものや，ある特定の領域の端で観察されるものなどがある．韻律領域の境界は，これらの現象にもとづいて記述的に定められる (Selkirk (1980: 111–112) などを参照)．

3.1.　韻律語

　日本語の名詞のアクセント付与規則は，語そのものだけでなく，後続する助詞のピッチ（音の高さ）にも影響を与える．「ハシ（端，箸，橋）」という語に格助詞「ヲ」を付けて考えてみよう．

　　(6)　ハシヲ：
　　　　a.　端を　（低高高）
　　　　b.　箸を　（高低低）
　　　　c.　橋を　（低高低）

　日本語のアクセントの位置は，急激なピッチの下降により特定することができ，「高低」という連なりの「高」がアクセントの位置となる（窪薗 (1998) などを参照）．　すると，(6a) にはアクセントがなく，(6b) では「ハ」の後ろにピッチの下降があるので「ハ」にアクセントがあり，(6c) では「シ」にアクセントがあることがわかる．ここで注目したいのは，「端」と「橋」のアクセントの違いが，(6a) と (6c) に示すように，助詞を付けて初めてわかり，そして，助詞のピッチが名詞のアクセントによって決まる点である．統語論では名詞を独立した「語」と考えるが，アクセント付与，つまり音韻論の観点から見ると，「名詞＋助詞」が音韻的な領域を形成しており，これを「韻律語 (prosodic word)」あるいは「音韻語 (phonological word)」と呼ぶ．つまり，統語論の「語」と音韻論の「語」は必ずしも一致せず，音韻的な「語」を統語構造とは別に設定する必要がある．[5]

3.2.　音韻句

　次に統語論と音韻論の「句」を見てみよう．日本語には，語境界を越えて適用されるダウンステップ（downstep；catathesis とも呼ばれる）と呼ばれる現象がある（Beckman and Pireerehumbert (1986)，Kubozono (1993) など）．簡潔に述べると，アクセントのある語にアクセントのある語が続くと，後者

---

[5] 日本語の語や句レベルの韻律領域の名称に関しては様々な提案がなされているが，本章では韻律語，音韻句という用語を用いる．詳細については，Ishihara (2015) を参照されたい．

6

の語のピッチが下がる現象である．（7）を見てみよう（Selkirk and Tateishi (1991)）．

(7) a.　[[[青山の] 山口の] [兄嫁が]]] いない．
　　　　(φ　　　　　　　　　　　　　　　　　）
　　b.　[[青山の] [[山口の] 兄嫁が]] いない．
　　　　(φ　　　）(φ　　　　　　　　　　　　）

（7a）と（7b）は表面的な記号列だけ見ると同じであるが，統語構造が示すように，（7a）は，「青山の」が「山口」を修飾しているのに対し（青山出身の山口さん），（7b）は「青山の」が「山口の兄嫁」を修飾している（青山出身の山口さんの兄嫁）．この意味の違いを念頭にこれらの例文を発音してみると，（7a）では，文頭から文末にかけて徐々にピッチが下がり続けるのに対し，（7b）では，「山口の」でピッチレベルがリセットされ，「青山の」とほぼ同じ高さで発音され文末までピッチレベルが徐々に下がることがわかるだろう．つまり，ダウンステップの領域が（7a）では文全体であるのに対し，（7b）では「青山の」が1つの領域を成し，「山口の」以降文末までがもう1つの領域を成している．このような現象の領域は，句レベルの統語構造を反映して決まっており，「音韻句（phonological phrase）」と呼ばれる．

　ここで，（7a）と（7b）の統語構造を樹形図を使って見てみよう．格助詞は各 NP の右端に生起し，動詞は I まで上昇していると仮定する（主要部付加構造は <V-I> で示す）．

(7′) a.　　　　　　　　　　　　IP　　　　　　　　　　　　(=（7a）)

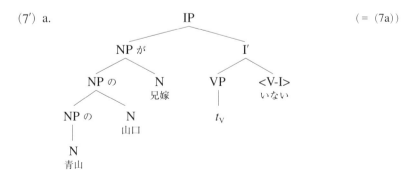

b.

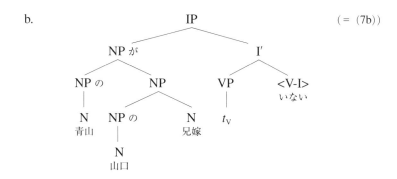

(= (7b))

(7'a) では，IP という統語的構成素が 1 つの音韻句に対応している．これに対し (7'b) では，1 つの音韻句を成す「山口の兄嫁がいない」という記号列だけを単独で支配する節点が存在しない．つまり，この音韻句は統語的構成素に対応していない．このことから，統語論の「句」と音韻論の「句」は必ずしも一致しないことがわかる．このため，統語構造とは独立に音韻句という韻律領域を設定する必要がある．

3.3. 音調句

　音調句は，その名の通り，音調の型が成り立つ領域で，(8a) のように，典型的には統語的な「節」が音調句に相当する．ただし，統語的な要因だけでなく，談話，話す速さ，文の長さなど様々な要因にもとづき，同じ文を (8b) や (8c) のように区切ることができ，それぞれの音調句が音調の型の領域を成し，さらに，小休止 (pause) が音調句の境界に置かれることがある (N&V: 194)．

(8) a. (ₗ The hamster eats seeds all day)

b. (ₗ The hamster) (ₗ eats seeds all day)

c. (ₗ The hamster) (ₗ eats seeds) (ₗ all day)

　そのほか，独立して音調句を形成する要素として，N&V (188) は以下を挙げている．

8

(9) a. 挿入句：$(_\iota$ Lions$)$ $(_\iota$ **as you know**$)$ $(_\iota$ are dangerous$)$.

    b. 非制限的関係節：$(_\iota$ My brother$)$ $(_\iota$ **who absolutely loves animals**$)$ $(_\iota$ just bought himself an exotic tropical bird$)$.

    c. 付加疑問：$(_\iota$ That's Theodore's cat$)$ $(_\iota$ **isn't it**$)$？

    d. 呼びかけ：$(_\iota$ **Clarence**$)$ $(_\iota$ I'd like you to meet Mr. Smith$)$.

    e. 間投表現：$(_\iota$ **Good heavens**$)$ $(_\iota$ there's a bear in the back yard$)$.

    f. 右方転移：$(_\iota$ They are so cute$)$ $(_\iota$ **those Australian koalas**$)$.

これらの音調句は，概ね統語的構成素に一致している．しかし，例えば，(9a) のような挿入句は，(10) に示すように，比較的自由に生起することができる (N&V: 188ff)．

(10) a. $(_\iota$ **As you know**$)$ $(_\iota$ Isabelle is an artist$)$.

    b. $(_\iota$ Isabelle$)$ $(_\iota$ **as you know**$)$ $(_\iota$ is an artist$)$.

    c. $(_\iota$ Isabelle is$)$ $(_\iota$ **as you know**$)$ $(_\iota$ an artist$)$.

    d. $(_\iota$ Isabelle is an artist$)$ $(_\iota$ **as you know**$)$.

ここで，(10c) の "Isabelle is" という記号列は音調句を成すが統語的構成素を成していない．つまり，音調句は，統語構造とは独立に設定する必要がある．[6]

3.4. 発話句

発話句は，概ね文に一致する．そうであるとすると，統語構造とは独立に発話句を設定する必要はないように思われる．しかし，N&V は，いくつかの現象を取り上げ，発話句の必要性を提示してる．ここでは，アメリカ英語の弾音化 (Flapping) を例に挙げる．

---

[6] 音調句は，音調の型の領域や小休止の位置を示すだけでなく，分節音レベルの音韻現象の領域にもなる (N&V 参照)．日本語の音調句についての詳細な研究については，Kawahara and Shinya (2008) を参照されたい．また，音調句の音韻的な特徴については，菅原 (編) (2014: 第 5 章) を参照されたい．

弾音化は，簡潔に述べると，帯気音化（aspiration）されない位置に生じる［−緊張性］（［−tense］）の /t/ や /d/ が，［−子音性］（［−consonantal］）の分節音（母音，わたり音，流音，鼻音）の後ろ，母音（V）の前に生起すると，弾音 [ɾ] で発音される現象である．そして，この規則は，発話句を領域として適用される．

(11)　　t, d → ɾ / (ᵤ [−consonantal] ＿＿ V)
　　　　[−tense]

この規則は，(12) のように語内で適用されることもあれば，(13) のように語境界を越えて適用されることもある（N&V: 225）：

(12) a.　water → wa[ɾ]er
　　　b.　rider → ri[ɾ]er
　　　c.　loiter → loi[ɾ]er
　　　d.　winter → win[ɾ]er
(13) a.　a hundred eggs → a hundre[ɾ] eggs
　　　b.　invite Olivia → invi[ɾ] Olivia
　　　c.　A very dangerous wild cat escaped from the zoo. → ... ca[ɾ] escaped ...
　　　d.　Just the other night a raccoon was spotted in our neighborhood. → ... nigh[ɾ] a ...
　　　e.　Ichabod, our pet crane, usually hides when guests come. → Ichabo[ɾ], our ...
　　　f.　Although that was not the first camel he rode, it was most certainly the last one. → ... ro[ɾ], it ...

(13d–f) では，普通の速さで発音しても，night, Ichabod, rode の後ろにそれぞれ小休止を置いても，弾音化が観察される．小休止は音調句の境界を示すので，弾音化が音調句よりも大きな韻律的単位を領域としていることがわかる．そして，この音調句よりも大きな韻律的単位が発話句である．
　興味深いことに，弾音化は文をまたいでも適用可能である（N&V: 237）．

(14) a.　I'm late. I'm leaving. → ... la[ɾ] I'm ...

これは，発話句が2つの文を包含する形で形成されうることを示している.

(15)　(ᵤ (ᵢ I'm late.) (ᵢ I'm leaving.))

そして，この例から，発話句は必ずしも統語的構成素に対応していないことがわかる．したがって，発話句は統語構造とは別の独立した韻律領域として設定する必要がある.[7]

3.5.　韻律領域の独立性

　以上，韻律語，音韻句，音調句，発話句の4種類の韻律領域を統語構造とは別に独立して設定する必要があるということを見てきた．このようなアプローチは「間接照合 (Indirect Reference)」と呼ばれている．音韻規則は統語表示に対して直接適用されるのではなく，統語表示を参照して作られる音韻表示に対して適用される，つまり，統語表示は間接的にしか参照していない，という考え方である．N&V や Selkirk の理論はこのアプローチを採用している.

　これに対し，Cinque (1993), Pak (2008), Samuels (2011), Scheer (2012) などのように，統語構造とは別に韻律領域を設定するのは理論的に冗長であり，音韻規則は統語構造に直接言及して適用されるべきである，という考えもある．このようなアプローチは「直接照合 (Direct Reference)」と呼ばれ，間接照合のアプローチを支持する研究者との間で議論が続いている．本章は間接照合の観点で論を進める.

　いずれにせよ，統語的構成素と韻律領域は厳密に1対1では対応してお

---

[7] 2つの文を適用領域とする弾音化について注意すべきは，2つの文は比較的短くなくてはならず，また，語用論的な制約も受ける点である（N&V: 238）.
　　(i) a.　Turn up the heat. I'm freezing. → ... hea[ɾ] I'm ...
　　　 b.　Turn up the heat. I'm Frances → *... hea[ɾ] I'm ...
(ib) のように，2つの文に意味的なつながりがないと，弾音化は適用できない．その他の条件については N&V を参照されたい.

らず，何らかの形でこのズレを説明する必要があり，これが統語–音韻写像
研究の重要な課題である．

4.　統語–音韻写像研究の理論的進展

　この節では，これまでの研究が統語と音韻の関係をどのように捉えようと
してきたのか，その進展の歴史を統語理論の発展に沿って概観する．

4.1.　生成文法初期

　まず，Bresnan（1971）による英語の核強勢規則（Nuclear Stress Rule：
以下 NSR）の分析を紹介する．約半世紀前の文献ではあるが，現在のフェ
イズ理論同様，当時の理論は循環的な統語派生を採用しており，今後の理論
研究にとっても参考になる部分が多いと考えられる．

　初期の生成文法（Chomsky（1965））は規則の体系として定式化されており，
規則適用の順序づけ（rule ordering）を明確に規定することが重要であった．
循環（cycle）という概念が導入され，統語的変換規則（transformation）は
一番深く埋め込まれた循環領域から順に上の循環領域に適用されると仮定さ
れており，基本的には近年のフェイズ理論と同様の考え方がなされていた．

　Chomsky（1970）は S と NP を循環節点としていたが，Bresnan（1971）
は，S と NP に加え VP も循環節点であるとした．そして，各々の循環に
おいて，統語的変換規則の適用がすべて終わった後に NSR が順序づけられ
ると仮定することで，核強勢のパターンの説明が簡素化されることを示し
た．なお，当時の生成文法では韻律領域を統語構造とは独立に設定するとは
考えられておらず，統語派生の出力に音韻規則が適用されると考えられてい
た．

　NSR は概ね以下のように定式化される（Gussenhoven（1992））．

(16) NSR

ある循環領域で 2 つ以上の 1-強勢がある場合，最も右のものを 1-強勢とせよ．

ここで「1-強勢」とは，領域の中で 1 番強い強勢のことで，1 番右以外の強勢は，派生が進むにつれ，2 番目に強い 2-強勢，3 番目に強い 3-強勢と 1 段階ずつ順に弱い強勢に「降格」されていく．具体例を見てみよう．

(17) $[_S$ [Mary] $[_{VP}$ [teaches] [engineering]]]

i.	1	1	1	word stress
ii.		2	1	1st cycle (VP): NSR
iii.	2	3	1	2nd cycle (S): NSR

まず，統語派生の前段階 (17i) で，それぞれの語彙項目の主強勢に 1-強勢が与えられる．次に，派生が最初の循環領域 VP に達すると，この領域の中に 2 つの 1-強勢が存在することになる．すると，(17ii) に示すように，NSR により，右側，すなわち engineering に 1-強勢が与えられ，teaches の強勢は 2-強勢に降格される．次に，派生が循環領域 S に達すると，この領域の中に Mary の 1-強勢と engineering の 1-強勢が存在することになる．すると，(17iii) に示すように，NSR により，一番右側，すなわち engineering に 1-強勢が与えられ，そのほかの強勢は 1 ずつ降格し，Mary は 2-強勢，teaches は 3-強勢となる．結果的に，この文の強勢パターンは 2-3-1，つまり，目的語に最も強い強勢，主語に 2 番目に強い強勢，そして動詞に 3 番目に強い強勢が与えられることが正しく説明される．もし VP が循環節点でなければ，あるいは，もし NSR が循環的に適用されず文全体を領域として適用されるのであれば，2-2-1 という誤った強勢パターンを予測してしまい，2-2-1 を 2-3-1 に変える別の規則が必要となり，NSR の定式化が複雑なものになってしまう．

　以上のように，派生の循環ごとに NSR を適用することで，NSR 自体を複雑にしたり補助的な仮定を用いたりすることなく，容易に強勢パターンが説明される．4.4 節で概観するが，統語派生の循環を音韻部門の循環に反映

させる考え方は，フェイズ理論のもと再注目されることになる．[8]

4.2. 1980 年代：X バー理論と統語−音韻写像

1970 年代から 1980 年代にかけて句構造理論の精緻化が進み，X バー理論のもと，句構造は範疇に関わらず以下のような式型をとるという一般性の高い定式化がなされた（Chomsky (1986)）．

(18)
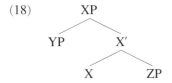

句構造内の統語的関係を表す用語も整理され，(18) の YP は指定部（specifier），X は主要部（head），ZP は補部（complement）と呼ばれる．この式型のもと，従来の S と S′ がそれぞれ屈折要素 I（inflection）と補文標識 C（complementizer）を主要部とする内心構造として見直され，例えば，英語の他動詞構文は以下のような形をとることとなった．

(19)
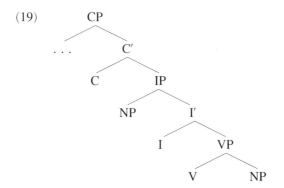

このような句構造理論が広く浸透していく中で，その後の統語−音韻写像の研究において中心的な役割を果たす 2 つの理論が登場した．1 つは N&V

---

[8] 近年のフェイズにもとづく NSR の適用については，Adger (2003/2007), Kahnemuyipour (2009), Kratzer and Selkirk (2007) などを参照されたい．

の句構造内の統語的関係にもとづき韻律領域を定式化する理論（Relation-based theory），もう1つは Clements（1978）や Chen（1987）に端を発し Selkirk（1986）によって定式化された句構造の端にもとづいて韻律領域を決定する理論（End-based theory）である。[9]

　これら1980年代以降の統語-音韻インターフェイス研究は，句構造理論のみならず，同時期の統語研究の流れに多大な影響を受けている．4.1節で紹介した Bresnan の理論は，循環的な統語派生にもとづくアプローチ（derivational approach）であったが，1980年代に入り，統語理論は表示にもとづくアプローチ（representational approach）に変貌を遂げつつあった．また，3節で概観したように，語境界を超えて適用される音韻規則が，統語的構成素とは別に設定される韻律領域に適用されると考えられるようになっていた．これらの理論的進展のもと，派生の循環ではなく（19）のような句構造の表示を参照して，音韻部門内に韻律領域を形成する手法がとられるようになった．さらに，統語論は「原理とパラメータのアプローチ（principles-and-parameters approach）」と呼ばれ，言語間の差異をパラメータで捉える試みが始まっていたが，N&V や Selkirk の韻律領域の理論もまた，言語間の差異をパラメータで捉えようとした．原理とパラメータのアプローチの登場で統語論が対象とする言語や現象の数が飛躍的に増えたが，韻律領域の研究においても同様の進展が見られた．

　以下では，統語構造との関係で最も広く議論されてきた音韻句の形成を中心に，これらの理論を概観する．

4.2.1. 統語関係にもとづく統語-音韻写像
4.2.1.1. 基本的な音韻句の形成

　この節では，N&V の音韻句形成法を概観する．イタリア語の中・南部の方言では，音韻句内で統語的長子音化（Raddoppiamento Sintattico：以下，

---

[9] N&V の前身となる研究は，Napoli and Nespor（1979），Nespor and Vogel（1982）で提示されている．また，Selkirk（1986）では，Chen（1987）の未出版原稿（1985）が引用されている．

RS）が語境界を越えて適用される（N&V (38, 170)）.

(20)　*Raddoppiamento Sintattico* (RS)

C → [+long] / ($_\varphi$ ... ($_{\omega 1}$ ... V) ($_{\omega 2}$ ___ [+son, −nas] ...) ...)

（ここで母音 V は語の主強勢を持つ）

同じ音韻句内に隣接する 2 つの語 ω_1 ω_2 があり，ω_1 の語末に語の主強勢を持つ母音があり，ω_2 の語頭の短子音 C に [+共鳴性, −鼻音性] の音（母音や流音）が後続する場合，C は長子音（重子音）になる.

　具体例を見てみよう（Frascarelli (2000: 19)）.

(21)　($_\varphi$ mangeró)　($_\varphi$ metá torta)　　($_\varphi$ con gli amici)

　　→ ($_\varphi$ mangeró)　($_\varphi$ metá [t:]orta)　($_\varphi$ con gli amici)

　　　　eat-FUT-1SG　half　cake　　　　with the friends

　　　'I will eat half a cake with my friend.'

ここでは，metá torta が RS の適用環境を満たしている. metá が主強勢をもつ母音で終わり，torta が短子音 t で始まり母音 o が後続する. そしてこれらの 2 語は同じ音韻句内にある，つまり，間に音韻句の境界が存在しないので，torta の語頭子音が長音化される. これに対し，mangeró metá の 2 語は，mangeró が主強勢をもつ母音で終わり，metá が短子音 m で始まり母音 e が後続するにも関わらず RS が適用されていない. これは，これら 2 語が別の音韻句に属し，間に音韻句の境界が介在するため，RS の適用が阻止されるからである.

　N&V (168) は RS を詳細に検討し，以下のような音韻句形成法を提案した.[10]

---

[10] 原文は以下の通りである（N&V: 168）.

(i)　Phonological Phrase Formation

　a.　φ domain

　　　The domain of φ consists of a *C* which contains a lexical head (X) and all *C*s on its nonrecursive side up to the *C* that contains another head outside of the maximal projection of X.

　b.　φ construction

(22) 音韻句形成
    a. 音韻句は以下から成る領域である：
        i. 語彙的主要部 X から成る C
        ii. X の最大投射の外にある語彙的主要部から成る C の手前までにある X の非回帰的側の要素から成るすべての C
    b. 音韻句の構築：(22a) で定められたすべての C からなる n 項枝分かれの音韻句を形成する．

ここで，C は，N&V が韻律階層の中で韻律語と音韻句の間に設定している接辞グループ（Clitic Group）と呼ばれる韻律範疇である．語彙的主要部とは，いわゆる内容語（名詞，動詞など）に相当し，これと対立するのは機能語（冠詞，助動詞など）である．まず (22a) により，語彙的主要部 X から成る C が句構造内の非回帰的側（nonrecursive side：VO 言語では左側）の機能語から成る C と共に音韻句を成し（例：名詞と冠詞；動詞と助動詞），語彙的主要部 Y が X の左側かつ XP の外にある場合，Y は X とは別の音韻句に属す，ということが決定される．これにもとづき，(22b) により音韻部門内に音韻句が形成される．(22a) の定式化はいささか複雑であるが，「語彙的主要部」「最大投射」「非回帰的側」という句構造内で成り立つ関係概念にもとづいて定式化されている点が重要である．

では，以下の例文を検討してみよう．

(23) ho   visto   tre   colibrí   molto scuri
    →ho   [v:]isto tre [k:]olibrí   molto scuri
    have-1SG visit-PP three hummingbirds very   dark
    'I saw three very dark hummingbirds.'   (N&V: 171)

ここでは，助動詞 ho に後続する動詞 visto の語頭子音と，数詞 tre に後続する名詞 colibrí の語頭子音が RS の適用を受けているので，ho と visto および tre と colibrí の間に音韻句の境界がないことがわかる．また，colibrí

Join into an n-ary branching φ all Cs included in a string delimited by the definition of the domain of φ.

の語末母音に主強勢が置かれ，後続する molto は語頭の短子音 m に母音 o が後続するにもかかわらず m が長音化されていないことから，colibrí と molto の間に音韻句の境界が存在することがわかる．さらに，(21) で見たように，他動詞と目的語の間に音韻句の境界が存在することがわかる．これらのことから，(23) の音韻句は以下のようになる．

(24)　($_\varphi$ ho visto) ($_\varphi$ tre colibrí) ($_\varphi$ molto scuri)

この文の統語構造を樹形図で示すと以下のようになる (N&V: 171)：

(25)

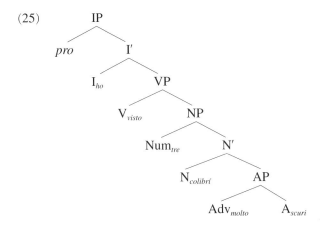

これをもとに，音韻句形成 (22) がどのように適用されるか検討してみよう．まず，AP を見てみよう．主要部が語彙的要素（形容詞）scuri で，その非回帰的側（左側）に副詞 molto がある．副詞は語彙的要素であるが，この molto は scuri の最大投射の AP の中にあるので，scuri と同じ音韻句に属すことになる．さらに左側を見ていくと名詞 colibrí が見つかるが，AP の外にある語彙的主要部なので，scuri とは別の音韻句に属すことになる．次に名詞 colibrí が主要部となっている NP を見てみよう．左側に数詞 tre がある．これは NP 内にあるので，colibrí と同じ音韻句に入る．さらに左には動詞 visto があるが，これは NP の外にあり，かつ語彙的主要部であるため，tre colibrí とは別の音韻句に属すことになる．次に VP を見てみよう．主要部 visto の左側に助動詞 ho がある．これは，VP の外側にあるが機能

語であるため，visto と同じ音韻句に属す．このように，(24) の音韻句が
(22) によって説明される．

　なお，この例文では，ho と visto，そして tre と colibrí は統語的には構成
素を成さないが，(22) の音韻句形成法によりそれぞれ音韻句を形成し，そ
の結果，統語と音韻の構造のズレが説明されている点も理解しておきたい．

4.2.1.2.　音韻句の枝分かれと再構築

　ここまで，N&V の音韻句形成 (22) を概観してきたが，これは，あくま
でも基本的な音韻句の形成を扱うものである．音韻句の形成には，音韻句の
「枝分かれ」あるいは「韻律的重さ」も関与している．具体的には，1 つの韻
律語から成る非枝分かれ音韻句 (nonbranching phonological phrase) と，2
つ以上の韻律語からなる枝分かれ音韻句 (branching phonological phrase)
が区別されることがある：[11]

(26) a.　非枝分かれ音韻句：($_\varphi$ ω)

　　　b.　枝分かれ音韻句：　($_\varphi$ ω ω)，($_\varphi$ ω ω ω) ... など

(21) や (24) のように，動詞の補部が枝分かれ音韻句である場合，RS は動
詞と目的語の間では適用されないが，(27) のように，補部が 1 語から成る
場合，RS の適用が随意的に可能である (N&V: 172)．[12]

(27)　Se　prenderá　　　qualcosa,　prenderá　　　tordi
　→Se　prenderá　　　[k:]ualcosa,　prenderá　　　[t:]ordi
　　　if　catch-FUT-1SG　something　catch-FUT-1SG　thrushes
　　　'If he catches something, he will catch thrushes.'

　N&V はこのような現象を随意的な音韻句の再構築 (restructuring) によっ

---

[11] N&V は韻律語 ω と音韻句 φ の間に接辞グループ C を設定しているので，φ の枝分
かれは ω ではなく C にもとづいて決められる．本論では C を仮定しないので，φ の枝分
かれは ω にもとづいて判断する．

[12] 発話の速さにも影響をうけ，速いほどより頻繁に RS が適用される傾向がある (N&V:
173)．

て説明する.[13]

(28)　音韻句の再構築（随意的）
　　　非枝分かれ音韻句は，主要部 X の回帰的側にある X の 1 つ目の補
　　　部である場合，X を含む音韻句と結合される.

これを模式的に表すと以下のようになる.

(29)　$(_\varphi ... X) (_\varphi \omega) \rightarrow (_\varphi ... X \omega)$

主要部 X の回帰的側（右側）に非枝分かれ音韻句 $(_\varphi \omega)$ があり，これが X
の 1 つ目の補部である場合，再構築が適用され X と ω が同じ音韻句に属す
ことになる.

　(27) に音韻句形成 (22) が適用されると (30a) の音韻句が形成される.
そして，目的語の音韻句がそれぞれ非枝分かれなので，音韻句の再構築 (28)
を適用すると (30b) が得られる.

(30)　a.　$(_\varphi$ Se prenderá) $(_\varphi$ qualcosa) $(_\varphi$ prenderá) $(_\varphi$ tordi)
　　　b.　$(_\varphi$ Se prenderá qualcosa) $(_\varphi$ prenderá tordi)

この結果，同じ音韻句に属す動詞と目的語の間で RS を適用することができ
るようになる.

　非枝分かれ構造の韻律領域が隣接する韻律領域に編入（再構築）される例
は，音韻句に限らず音調句や発話句などの他の韻律範疇でも，様々な音韻規
則，様々な言語で観察されている（N&V, Frascarelli (2000)；本章 (34) およ
び 4.5.1 節参照）.したがって，韻律的重さに起因する規則適用の随意性は，
RS (20) のような個々の音韻規則の随意性ではなく，枝分かれにもどづく

---

[13]　原文は以下の通りである（N&V: 173）.
　(i)　φ restructuring
　　　A nonbranching φ which is the first complement of X on its recursive side is
　　　joined into the φ that contains X.
N&V の音韻句形成及び再構築とほぼ同様の帰結をもつ定式化に Hayes (1989: 218) があ
る.ただし，Hayes の定式化は補部に言及していない.

韻律領域の再構築の随意性として説明するのが自然である．これにより，
RS のような音韻規則自体を複雑にすることなく規則適用の随意性を説明す
ることができる．

4.2.1.3. 再構築と言語間差異

　N&V は，音韻句の再構築を言語間の差異の説明に援用することを提案し
ている．例えばバントゥ諸語のチェワ語では (Bresnan and Mchombo (1987))，
目的語の音韻句の枝分かれの有無に関わらず，目的語と動詞は 1 つの音韻
句を成す (Dobashi (2003: 156))．

(31) a.　(Mwaána)$_\varphi$ (anaményá nyuúmba)$_\varphi$

　　　　child　　sm-hit　　house

　　　　'The child hit the house.'

　 b.　(Mwaána)$_\varphi$ (anaményá nyumbá ya bwiíno)$_\varphi$

　　　　child　　sm-hit　　house　of　good

　　　　'The child hit the good house.'

チェワ語では，音韻句末の語の語尾から 2 番目の音節の母音が長音化する
(Penultimate Lengthening：以下，PL)．まず，(31a) (31b) どちらの例で
も，主語に PL が適用されていることから，主語の後ろに音韻句境界がある
ことがわかる．(31a) では，PL が動詞には適用されていないが 1 語からな
る目的語には適用されている．このことから動詞と目的語が 1 つの音韻句
を形成していることがわかる．これに対し (31b) では，動詞に PL が適用
されておらず，2 つの語彙的要素 (nyumbá と bwiíno) から成る目的語では，
bwiíno だけに PL が適用されている．つまり，目的語を含む動詞句全体が
音韻句に相当している．N&V は，このような言語では，まず，音韻句形成
法 (22) の適用の結果イタリア語同様の音韻句が形成され，次に，音韻句再
構築 (28) がチェワ語では補部の枝分かれの有無に関わらず義務的に適用さ
れる，と分析する．他方，例えば口語体のフランス語では，音韻句内でリエ
ゾンが適用されるが，イタリア語とは異なり，音韻句の枝分かれの有無に関
わらず，再構築が適用されることはない．このことから，フランス語では再

構築の適用が禁止されていると分析する．まとめると以下のようになる．

(32)　再構築の適用
　　　イタリア語：随意的
　　　チェワ語　：義務的
　　　フランス語：禁止

4.2.1.4.　音韻句以外の韻律範疇とまとめ

　これまで，N&V の音韻句形成について見てきた．この理論は，韻律階層内の別の韻律範疇も，統語構造内で成り立つ概念を用いて説明する．詳細には立ち入らないが，句構造における終端要素 (terminal element)，つまり主要部を参照して，音韻部門内で韻律語が形成される．また，「句構造に構造的に直接組み込まれていない要素」にもとづき音調句を形成し，その前後に残された要素もまたそれぞれ音調句に写像される．例えば，挿入句 ((33)では "as you know") は，(ある意味で) 文の句構造に構造的に組み込まれていない要素であるので音調句を成し，その前後の要素もそれぞれ音調句を成す：

(33)　($_\iota$ Lions) ($_\iota$ as you know) ($_\iota$ are dangerous)

　そして，句構造の中の最も高い節点 (つまり，文全体) が発話句に写像される．(15) で見た 2 文からなる発話句は，発話句再構築により説明される：

(34)　($_\upsilon$ ($_\iota$ I'm late.)) ($_\upsilon$ ($_\iota$ I'm leaving.))　→
　　　($_\upsilon$ ($_\iota$ I'm late.) ($_\iota$ I'm leaving.))

　以上のように，N&V の理論は，主要部，最大投射，非回帰的側，補部といった句構造内の要素間に成り立つ統語的な関係にもとづいており，句構造理論の精緻化の結果初めて定式化できるようになった理論である．また，統語構造に言及し形成した基本的な韻律領域に対して，非統語的な要因 (韻律的重さ，発話の速さなど) にもとづき再構築を適用することで，実際に観察される韻律現象を幅広く自然に説明することが可能になった．

22

4.2.2. 統語的構成素の端にもとづく理論

1980 年代の X バー理論による句構造理論の精緻化に伴い提案されたもう1つの統語-音韻写像法が，統語的構成素の右端や左端を韻律領域の右端や左端に対応させる理論である（End-based theory）．Selkirk (1986: 389) はこれをパラメータの形で以下のように定式化した：

(35) i. a. $]_{\text{Word}}$　　b. $_{\text{Word}}[$
　　ii. a. $]_{\text{Xmax}}$　　b. $_{\text{Xmax}}[$

(35ia) と (35ib) はそれぞれ統語構造内の語（主要部）の右端と左端を，そして (35iia) と (35iib) は最大投射の右端と左端をそれぞれ指し，言語により，右端か左端が選択される．語の右端・左端をそれぞれ韻律語 ω の右端・左端に，そして，最大投射の右端・左端をそれぞれ音韻句 φ の右端・左端に揃える形で統語構造が韻律領域へ写像される．

なお，一般に，統語-音韻写像では，以下の条件が成り立つと考えられている (Selkirk (1984), Truckenbrodt (1995, 1999))．[14]

(36) 語彙範疇条件（Lexical Category Condition: LCC）
　　統語-音韻写像では，語彙範疇要素（内容語）及びその投射が可視的であり，機能範疇要素（機能語）とその投射，そして，統語的に空の要素（痕跡など）およびその投射は非可視的である．

(35) と (36) がどのように適用されるのか，3.2 節で見た日本語の例にもとづき，まず，語レベルの写像に着目し検討してみよう．日本語では (35ib) が選択される．

---

[14] LCC は Truckenbrodt の用語である．Truckenbrodt の定義は最適性理論の制約に課される条件として定式化されているが，説明の都合上，(36) の定義は統語-音韻写像一般に課される条件として書き換えてある．なお，Selkirk (1984) は (36) に類似した条件を「機能語の範疇的非可視性原理 (The Principle of the Categorial Invisibility of Function Words)」として定式化した．前節で見た N&V の理論では，例えば (22) のように，韻律領域形成法の定義内で「語彙的主要部」に言及することにより，LCC と同様の効果を得た．機能範疇の非可視性を規定する必要はない，という近年の議論については，Tyler (2019) を参照されたい．

(37)

　a. [$_{IP}$ [$_{NP}$ [$_{NP}$ [$_{NP}$ [$_N$ 青山]の] [$_N$ 山口]の] [$_N$ 兄嫁]が] [$_{I'}$ [$_{VP}$ t_V] <[$_V$ いない]-I>]]

　i.　　　　　　　($_\omega$　　　　　　　($_\omega$　　　　　($_\omega$　　　　　　　　　($_\omega$

　ii.　　　　　　　($_\omega$　　　　) ($_\omega$　　　　) ($_\omega$　　　　　) 　　　　　($_\omega$　　　　)

　b. [$_{IP}$ [$_{NP}$ [$_{NP}$ [$_N$ 青山]の] [$_{NP}$ [$_{NP}$ [$_N$ 山口]の] [$_N$ 兄嫁]]が] [$_{I'}$ [$_{VP}$ t_V] <[$_V$ いない]-I>]]

　i.　　　　($_\omega$　　　　　　　　　($_\omega$　　　　　($_\omega$　　　　　　　　($_\omega$

　ii.　　　　($_\omega$　　　　) 　　　　($_\omega$　　　　) ($_\omega$　　　　　) 　　　　($_\omega$　　　　)

まず，(37ai) および (37bi) のように，音形のある語彙要素の主要部 (N と V) の左端に対応する形で韻律語の左端が形成される.[15] そして，韻律階層 (3) の式型と厳密階層仮説 (4) に従う形で，(37aii) および (37bii) のように韻律語の右端が追加される. その結果，名詞＋助詞および活用部分を含む動詞が韻律語 (学校文法などにおける「文節」に相当) を形成し，これを領域として語アクセント規則が適用されることになる.

　次に，同じ例文を使って，句レベルの写像を見てみよう. 日本語では左端 (35iib) が選択される.

(38)

　a. [$_{IP}$ [$_{NP}$ [$_{NP}$ [$_{NP}$ [$_N$ 青山]の] [$_N$ 山口]の] [$_N$ 兄嫁]が] [$_{I'}$ [$_{VP}$ t_V] <[$_V$ いない]-I>]]

　i.　　　　　　　($_\varphi$

　ii.　　　　　　　($_\varphi$　　　　　　　　　　　　　　　　　　　　　　　　　)

　b. [$_{IP}$ [$_{NP}$ [$_{NP}$ [$_N$ 青山]の] [$_{NP}$ [$_{NP}$ [$_N$ 山口]の] [$_N$ 兄嫁]]が] [$_{I'}$ [$_{VP}$ t_V] <[$_V$ いない]-I>]]

　i.　　　　($_\varphi$　　　　　　　　($_\varphi$

　ii.　　　　($_\varphi$　　　　) ($_\varphi$　　　　　　　　　　　　　　　　　　)

まず (38a) を見てみよう. VP は動詞が移動して空なので写像演算の対象外となる. IP の指定部に名詞句があるが，すべての名詞句の左端が「青山」の左側に集中している. この位置を音韻句の左端とする.[16] そして，韻律階層

---

　[15] (37ai, bi) は説明の便宜上のもので，実際の韻律構造の表示は (37aii, bii) である. (38ai, bi) (39ai, bi) も同様.

　[16] Selkirk (1986) は音韻句の端の設定は統語構造の下から上の順に行われると仮定して

の式型および厳密階層仮説に従い，(38aii) のように右端を作り音韻句が 1 つ形成される．(38b) では「山口」の左側と「青山」の左側に NP の左端があるので，それぞれが (38bi) のように音韻句の左端に対応し，(38bii) のような韻律構造が構築される．そして，これらの音韻句を領域としてダウンステップが適用される．

　以上，左端揃えの日本語の例を検討したが，今度は，英語を例に語彙的主要部（内容語）の右端が韻律語の右端に揃えられる例を見てみよう．英語では，速い発話において v が削除される [v] 削除と呼ばれる現象がある．Selkirk (1972) は，[v] 削除を以下のように定式化した．

(39)　[v] 削除

　　　[v] → ø /＿＿ [−syllabic]

[v] の音は，単独で音節を形成できない子音（[−syllabic]）が後続する場合，削除される．以下の例を見てみよう (Hayes (1989: 209))．

(40) a.　John would have left

　　　　　　　　　[v] → ø

　　 b.　a piece of pie

　　　　　　　　[v] → ø

ここでは，have の [v]，そして of の [v] の直後に子音が続くため，[v] が削除される．そして，Hayes (1989) は，この規則が韻律語内で適用されると指摘している．英語の韻律語形成では，右端揃えの (35ib) が選択される．

(41) a.　John would have left.

　　　 i.　　　)　　　　　　)

　　　 ii.　($_\omega$　)($_\omega$　　　　　)

いる．(38a) で 1 番深く埋め込まれた NP の左端に対応する音韻句の左端が決まると，次に深い NP に対応する音韻句の左端は，線型的に見て同じ位置にすでに存在するため，新たな音韻句の左端は形成されないと考えられる．仮にそれぞれの NP の左端に対応する音韻句の左端を形成すると「($_\varphi$ ($_\varphi$ ($_\varphi$ ...)))」あるいは「($_\varphi$) ($_\varphi$) ($_\varphi$ ...) (ここで ($_\varphi$) ($_\varphi$) は空)」のような厳密階層仮説に反する構造になり排除されると考えられる．

    b.　a piece of pie
    i.　　　　　　)　　　　　)
    ii.　(ω　　　)　(ω　　)

(41a) では John と left，(41b) では piece と pie が語彙範疇要素（内容語）
である．なお，前置詞は統語論では語彙範疇に分類されるが (Chomsky (1981:
48))，特に 1 音節から成る前置詞は韻律的には機能語同様に振る舞うことが
観察されており (Selkirk (1984))，統語–音韻写像においては機能語として扱
う．そうすると，(41ai)，(41bi) のようにそれぞれの内容語の右端に韻律語
の右端が作られ，韻律階層の式型と厳密階層仮説のもと，(41aii) および
(41bii) に示す韻律語が形成され，(40) の [v] 削除の適用環境が韻律語内で
満たされていることがわかる．これに対し，以下に示すように，[v] 削除の
環境が韻律語境界を越えて成り立つ場合，[v] 削除は適用されない (Selkirk
(1972: 139)，Hayes (1989: 209))．

(42) a. *(ω Give) (ω Maureen) (ω some)
          [v] → [ø]
   b. *(ω We'll save) (ω those people) (ω a seat)
          [v] → [ø]

(42a) では give，(42b) では save の右端が韻律語の右端に対応し，[v] と
後続する子音の間に韻律語境界が介在し，[v] 削除の適用が阻止される．
　なお，[v] 削除の典型例として (43) が挙げられる．

(43)　Give me some.
      [v] → [ø]

ここでは，give の右端が me の前にあるので，give と me が別の韻律語に
属し [v] 削除が阻止されるように思われるかもしれないが，me などの弱形
代名詞は音韻的には機能語であり単独で韻律語を形成できない．また，give
me が gimme と綴られることがあるように，me は接辞化して動詞と共に
韻律語を形成しており，(43) では [v] 削除が適用可能になる．N&V の再

構築と同様に，基本的な音韻句が非統語的な理由で変化することがあるので，注意が必要である．

　次に，中国語の福建省で話されている方言（Amoy または Xiamen と呼ばれる）に見られる連続変調（tone sandhi）現象を例に，最大投射の右端が音韻句の右端に揃えられる例を見てみよう（Chen（1987））．[17] これは Selkirk（1986）が統語構成素の端にもとづく理論（End-based theory）を提案するきっかけとなった事例の１つである．この言語では，音韻句内で一番後ろの声調だけが基底形（base tone: T）のまま具現化し，それ以外の声調は変調した形（sandhi tone: T′）で具現化する（Chen（1987: 113））．

(44)　連続変調規則

　　　　$T \rightarrow T' / (_{\varphi} \underline{\hspace{1.5em}} T)$

例えば，(45a) に示すように，p'ang という語の基底声調は HH である．同じ音韻句内で他の語が後続しない (45b) では基底音調のままだが，音韻句内で他の語が続くと (45c) のように変調されて MM となる（Chen（1987: 112ff））．

(45)　a.　p'ang　　　　　　'fragrant' (base form)
　　　　　　HH

　　　b.　tsin p'ang　　　'very fragrant'
　　　　　　MM HH

　　　c.　p'ang tsui　　　'fragrant water (perfume) '
　　　　　　MM　　HM

　ここでは，任意の声調パターン T がどのような T′ になるかは議論に関係しないので，連続変調の領域の終端を「//」で示すにとどめる．

　Chen（1987）はこの現象の適用領域が最大投射の右端により決定されると指摘した．Chen はこの言語の基本語順を SVO であると仮定している．以下，説明に必要な最低限の構造を示すが，最大投射の右端が音韻句に対応

---

[17] Chen（1987）は，当該の韻律領域を Tone Group と呼ぶ．

していることがわかるだろう (Chen (1987: 113, 135)).

(46) a.　[$_{VP}$ pang [$_{NP}$ hong-ts'e]]

　　　　　($_\varphi$　　　　　　　　　　)

　　　　　　fly　　　　kite

　　　　　'fly a kite'

　　　b.　[$_{VP}$　hoo [$_{NP}$ yin sio-ti] // [$_{NP}$ tsit pun] ts'eq]]

　　　　　($_\varphi$　　　　　　　　　) ($_\varphi$　　　　　　　　　)

　　　　　　give　　　his brother　　　one CL　book

　　　　　'Give his brother a book.'

(46a) では，動詞と目的語の間に音韻句の境界がなく，日本語とは異なり NP の左端が音韻句の左端に対応しないことがわかる．(46b) の二重目的語構文では，動詞と間接目的語の間に音韻句境界がないが，間接目的語と直接目的語の間には音韻句境界がある．このことから，間接目的語の NP の右端が音韻句境界に対応していると考えることができる．同様に，(47a) でも動詞と目的語の間に音韻句境界がなく，目的語 NP の右側に音韻句境界がある．そして，(47b) のように，この目的語が話題化され前置されると，動詞句内に音韻句境界が形成されない (Chen (1987: 121ff)).

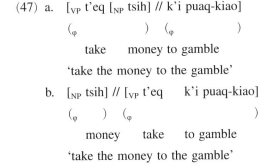

(47) a.　[$_{VP}$ t'eq [$_{NP}$ tsih] // k'i puaq-kiao]

　　　　　($_\varphi$　　　　　　　) ($_\varphi$　　　　　　)

　　　　　　take　　money to gamble

　　　　　'take the money to the gamble'

　　　b.　[$_{NP}$ tsih] // [$_{VP}$ t'eq　k'i puaq-kiao]

　　　　　($_\varphi$　　) ($_\varphi$　　　　　　　　　　　)

　　　　　　money　　take　　to gamble

　　　　　'take the money to the gamble'

前置された名詞句の右端は前置された位置で音韻句右端に一致する一方，前置の結果，動詞句内にはこの NP が存在しないことになる．そうすると，

(47a) とは異なり，(47b) では動詞句内に音韻句境界が形成されなくなる．[18]

　以上，統語的構成素の端にもとづき，韻律語および音韻句を形成する理論を概観してきた．なお，この理論自体は音調句をその分析対象にはしていないが，Selkirk (1984) は，音調句は意味的な単位（sense unit）にもとづいて形成されると提案しており，それぞれの韻律領域が厳密階層仮説に従う形で韻律階層を形成する．次節で見るが，その後，統語的構成素の端にもとづく理論はマッチ理論（Match Theory）と呼ばれる新たな形に進化し，韻律語，音韻句，音調句が句構造との関係で統一的に扱われるようになる．

4.2.3. 1990 年代：最適性理論とその後の展開

　1980 年代後半以降，統語理論研究では，D や Agr などの機能範疇要素が句構造に取り入れられたり，主要部移動の詳細な分析や VP-shell 構造の導入といった新たな展開が見られたが（Abney (1987), Larson (1988), Pollock (1989) など），筆者の知る限り，このような統語論の進展を反映するような形で提示された新たな統語-音韻インターフェイス研究はあまりなく，その後も (19) のような簡潔な統語構造にもとづく研究が続いた．一方，1990 年代，音韻論における最適性理論の登場に伴い，特に 4.2.2 節で見た統語構成素の端にもとづく理論が大きな進展を見せた．本章の狙いは統語理論の発展に伴う統語-音韻インターフェイス研究の進展を概説することであるが，以下，最適性理論の登場が統語-音韻インターフェイス研究にもたらしたいくつかの重要な展開を概観する．

　まず，統語構成素の端にもとづく理論が，一般整列理論（Generalized Alignment Theory）(McCarthy and Prince (1993)) に編入される形で定式化された (Selkirk (1996))．統語と韻律領域の対応関係以外にも，例えば語の端を韻脚（foot）の端に揃えるなど，異なる韻律領域の端と端を揃えて捉える現象が数多くあり，これらを一般化し定式化されたのが一般整列制約である．例えば音韻句は，Align (XP, R; φ, R)「XP の右端 (R) を音韻句 (φ)

---

[18] ここでは動詞とその項に関するデータを扱ったが，付加詞は振る舞いが異なる．詳しくは Chen (1987) を参照されたい．

の右端に揃えよ」というような形で定式化された (Truckenbrodt (1995, 1999)).

　また，韻律階層に課される厳密階層仮説の諸特性が最適性理論における違反可能な制約群 (violable constraints) として定式化された．以下，Selkirk (1996: 190) の定式化を簡略化して挙げる．なお，ここで想定されている韻律階層は上から順に，発話句–音調句–音韻句–韻律語–韻脚–音節である．

(48)　韻律階層の支配関係に課される制約
　　a.　層性 (LAYEREDNESS)
　　　　韻律階層で下にあるべき要素が上の要素を支配してはならない．
　　　　例：韻律語が音韻句を支配してはならない．
　　b.　主要部性 (HEADEDNESS)
　　　　各韻律範疇は韻律階層で 1 つ下の階層の要素を必ず 1 つはその構成要素として持っていなければならない．
　　　　例：音韻句は韻律語をその構成要素として持っていなければならない．
　　c.　包括性 (EXHAUSTIVITY)
　　　　韻律範疇は 2 つ以上下の階層を直接支配してはならない．
　　　　例：音調句は韻律語を直接支配してはならない．
　　d.　非回帰性 (NONRECURSIVITY)
　　　　韻律範疇は同じ韻律範疇を支配してはならない．
　　　　例：音韻句が音韻句を支配してはならない．

　ここで重要なのは，これらの制約が違反可能である，という点である．特に広く議論されているのが (48d) の非回帰性制約である．厳密階層仮説が定式化された直後から回帰的な韻律階層構造が必要であるという指摘が多くなされてきた．その中の 1 つを見てみよう．Ladd (1986, 1996) は，音調句が回帰的な繰り返し構造を持つ場合があると指摘した．以下の例では，それぞれの節 A, B, C が音調句になっており，(49a) は "A and B but C"，(49b) は "A but B and C" という形をしており，意味的には，(49a) は「A and B であるのに対し C」，(49b) は「A であるのに対し B and C」という

30

対比になっている (Ladd (1996: 242)).

(49) a. Warren is a stronger campaigner, and Ryan has more popular policies, but Allen has a lot more money.

　　 b. Warren is a stronger campaigner, but Ryan has more popular policies, and Allen has a lot more money.

　厳密階層仮説のもとでは，(49a) と (49b) は，それぞれ (50a) と (50b) のように 3 つの音調句が対等に連なるフラットな韻律構造を持つことになる．

(50) a.　　　　　　　　　　　b.

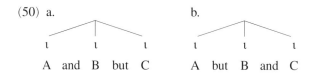

　　　　A　and　B　but　C　　　A　but　B　and　C

すると，それぞれ 3 つの音調句が同様の音調を持つと予測する．しかし，実際には，but に続く節の最初の音の高さの頂点が and に続く節よりも高い．また，音調句間の音の小休止も but の前の方が長い．このような事実は，(51) のような回帰的構造を用いることで捉えることができる．

(51) a.　　　　　　　　　　　b.

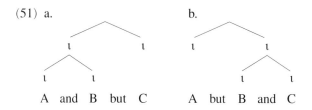

　　　　A　and　B　but　C　　　A　but　B　and　C

(51a) では A と B が等位に結ばれ，これら 2 つの音調句から回帰的に作られた大きな音調句が C と結ばれている．これにより，and で結ばれる音調句が階層上低い位置を占め，but で結ばれる音調句が高い位置を占めることになる．すると，同様の音調曲線と小休止が異なる規模 (magnitude) で現れることが捉えられる．つまり，and に比べて，but に続く音調句の音の高さの頂点の方が高く，but の前の小休止がより長くなるという事実を，同じ

韻律範疇の回帰的構造で説明できる．（51b）も同様である．

　最適性理論の枠組みで定式化された統語–音韻写像の分析では，（48d）の非回帰性制約が違反可能なので，（51）のような回帰的韻律構造も原理的に許されることになる．

　その後さらに研究が進み，むしろ回帰的構造のほうが自然であると考えられるようになり，マッチ理論（Match Theory）として定式化され，2010 年代以降の統語–音韻写像研究において，大きな注目を集めている．マッチ理論は，Selkirk（2009, 2011）によって 3 つの違反可能な制約として定式化された．

(52)　マッチ理論
　　a.　節一致（MATCH CLAUSE）
　　　　統語構造内の節は音韻表示内の音調句に一致しなければならない．
　　b.　句一致（MATCH PHRASE）
　　　　統語構造内の句は音韻表示内の音韻句に一致しなければならない．
　　c.　語一致（MATCH WORD）
　　　　統語構造内の語は音韻表示内の韻律語に一致しなければならない．

　この理論によると，統語と音韻の構造は本質的には一致しており，不一致は一致制約とその他の制約との相互作用によりもたらされる．（52）の節，句，語という概念は，統語理論においても必要な概念であり，これらが音韻的な領域に一致しており，その結果，統語構造の回帰性の反映として，韻律構造の回帰性が捉えられる．（49）を例に見てみよう．意味的な対比から，統語的には以下のように等位接続されていることがわかる（以下，接続詞の扱いについては捨象する）．

(53) a.　[CP [CP [CP A] and [CP B]] but [CP C]]
　　 b.　[CP [CP A] but [CP [CP B] and [CP C]]]

32

ここで CP を節であると仮定すると，それぞれの CP がそのまま音調句に
対応することになる：

(54) a.　$(_\iota\,(_\iota\,(_\iota\,A)\ \text{and}\ (_\iota\,B))\ \text{but}\ (_\iota\,C))$
　　 b.　$(_\iota\,(_\iota\,A)\ \text{but}\ (_\iota\,(_\iota\,B)\ \text{and}\ (_\iota\,C)))$

マッチ理論の節一致制約 (52a) によって得られる (54) の韻律構造は (51)
と等価である．つまり，回帰的韻律構造を統語構造の回帰性の反映として捉
えることができることになる．

　従来の韻律階層 (3) では，一番上の韻律範疇は発話句であったが，マッ
チ理論では音調句ということになる．マッチ理論の登場を背景として，Ito
and Mester (2013) は，回帰性にもとづく韻律構造は，一般に以下のような
形をしていると提案した：

(55)

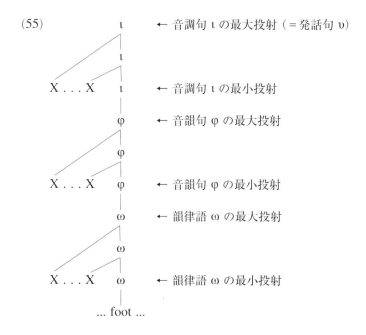

統語構造同様に，各韻律範疇は投射 (projection) により回帰構造が与えら
れ，一番下の投射を最小投射 (minimal projection)，1 番上の投射を最大投

射（maximal projection）と呼ぶ．この定式化のもとでは，従来の発話句は音調句の最大投射である，と捉えることができる．

　この理論では，語レベル以上の韻律範疇は統語の節，句，語に一致する音調句，音韻句，韻律語の 3 種類のみになり，その他にその必要性が論じられていた発話句や接辞グループなどの韻律範疇は，音調句や韻律語の投射であると捉えることができるようになる．この 3 つの韻律範疇からなる韻律階層は普遍的なものであり，あらゆる言語の韻律領域を，最適性理論のもと一致制約とその他の韻律構造に課される制約との相互作用により捉えることができると考えられている．

　統語理論の観点からマッチ理論を見ると，初期のマッチ理論（Selkirk（2009, 2011））はフェイズにもとづく多重書き出しを用いた統語-音韻写像の理論との融合を試みていたが，その後，表示にもとづく統語理論を想定する形での研究が盛んになりつつある．[19] 今後，どのように統語論と音韻論の理論的な整合性を図るのか，興味深い論点となるだろう．

4.4.　多重書き出し

　1990 年代に入り，生成文法統語論は表示にもとづく理論（representational theory）から派生にもとづく理論（derivational theory）へと転換する．1980 年代に原理とパラメータの枠組みで記述対象となる言語や現象の数が大幅に増えた一方，これらを説明するために数多くの理論的な道具立てが導入され，統語部門は肥大化していった．1990 年代に入りミニマリスト・プログラムの研究理念のもと，それまで肥大化していた統語部門の諸特性を，統語部門の外，つまり音韻部門や意味部門とのインターフェイスに帰すことにより統語部門のスリム化が図られた（Chomsky（1995））．統語部門の計算は，外の部門で解釈可能な（interpretable）構造を構築するよう適用されるようになった．また，句構造の構築方法も，1980 年代は（18）のような X バー理論の式型に構造が適合するかどうか判断する表示にもとづく理論で

---

[19] 近年のマッチ理論については Bennet et al.（2016），Elfner（2018），Selkirk and Lee（2015）などを参照されたい．

34

あったが，ミニマリスト・プログラムでは，併合（Merge）と呼ばれる操作の適用により句構造を作り上げていく，派生の進行に即した構造構築の理論へと変貌した.[20]

併合の適用により構築された統語構造に対して，統語計算のある時点で書き出し（Spell-Out）と呼ばれる操作が適用され，派生は音韻部門と意味部門へ送り出され，そこで解釈可能性（interpretability）が判断される.

(56)
意味部門
書き出し
音韻部門

初期のミニマリスト・プログラムでは，(56) のように，書き出し操作が派生に対し一度だけ適用されると仮定されていたが，Uriagereka (1999) やEpstein et al. (1998) の研究により，書き出し操作を一度だけと規定せず，派生に即して適宜適用することが提案された.

(57)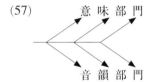
意 味 部 門
音 韻 部 門

これを多重書き出し理論（Multiple Spell-Out theory）と呼ぶ.

また，Collins (1999) は，ミニマリスト・プログラムの理念のもと，句構造内に設定されている NP や VP といったラベルは排除されるべきであると提案した．ラベルが句構造内に存在しないことになると，4.2 節で概観した 1980 年代の理論や 4.3 節で紹介したマッチ理論のような句構造の投射に言及する理論は成り立たなくなる．そこで Collins は，多重書き出しの領域を音韻句とする理論が望ましいと論じた.

その後，フェイズ理論が Chomsky (2000) によって提案された．この理

---

[20] この理論的背景については中村ほか（編）(2001) などを参照されたい.

論では，統語派生がフェイズと呼ばれる循環領域ごとに進み，書き出し操作
がフェイズごとに適用される．書き出し操作は，次のフェイズの計算で使われ
れる可能性のある要素をフェイズの端（edge：具体的にはフェイズの指定部
と主要部）に残し，フェイズの補部に適用される．以下の構造において ZP
と HP がフェイズであるとすると，YP と H がそれぞれ HP フェイズの端
にあり，これらを残して補部の XP に書き出し操作が適用される．[21]

(58)　[$_{ZP}$ Z ... [$_{HP}$ YP [H XP]]]

　この考えのもと，英語の他動詞構文の派生を見てみよう．なお，ここでは
書き出し操作の適用のタイミングについては検討しない．また，ラベルを付
して句構造を提示するが，あくまでも説明の便宜上のものである．

(59)　[$_{CP}$ C [$_{TP}$ DP$_{Subj}$ T [$_{vP}$ t_{DP} V-v [$_{VP}$ t_v DP$_{Obj}$]]]]

Chomsky（2000, 2001）に従い，CP と vP がフェイズであり，V は v へ主
要部移動し，主語の DP は vP 指定部から TP 指定部へ移動すると仮定する．
最初に vP フェイズが構築され，次に CP フェイズが構築される．まず，v
の補部（VP）が書き出し操作の適用を受け，音韻部門へ送られ，次に C の
補部（TP）が書き出し操作の適用を受け，音韻部門へ送られる．

　Chomsky（2000: note 99）が指摘するように，この文法モデルは統語部
門の循環領域と音韻部門の循環領域に相関があるとする Bresnan（1971）の
文法モデル（4.1 節参照）に類似している．そして，フェイズ理論にもとづく
多重書き出し理論の登場以降，書き出し領域が音韻句に対応しているという
仮説のもと，数多くの研究がなされてきた（Selkirk（2011）で紹介されている
研究などを参照されたい）．

　フェイズ理論にもとづく多重書き出しを用いた分析は，統語-音韻写像の
アルゴリズムではなく，統語構造の違いにより音韻句の違いを説明する．従
来の統語-音韻インターフェイスの研究では，例えば，三又枝分かれの VP

---

[21] なお，ここでは，説明の便宜上，強フェイズ（strong phase）と弱フェイズ（weak
phase）の区別はしない．

36

を仮定して二重目的語構文の音韻句を分析するなど，簡略化された統語構造を仮定する一方，写像アルゴリズムを工夫することによって音韻句を分析することがあったが (Truckenbrodt (1999) など)，多重書き出しを採用した理論では，詳細な統語分析を前提として音韻句形成を捉えるようになった (Seidl (2001) など)．

　しかし，書き出されたフェイズの補部が音韻句となるという分析には，いくつかの検討すべき課題がある．CP と vP がフェイズであるという標準的な仮定のもとでは，(60a) の構造に対して (60b) の音韻句を予測する．

(60) a. [$_{CP}$ C [$_{TP}$ NP$_{Subj}$ T [$_{vP}$ V-v [$_{VP}$ t_V NP$_{Obj}$]]]]
　　 b. (C)$_\varphi$ (NP$_{Subj}$ T　V-v)$_\varphi$ (t_V NP$_{Obj}$)$_\varphi$

これは，N&V の予測 (61a) や Selkirk (1986) の予測 (61b, c) とは異なる:

(61) a. ($_\varphi$ C Subj) ($_\varphi$ T V) ($_\varphi$ Obj)
　　 b. ($_\varphi$ C Subj) ($_\varphi$ T V Obj)　　　　　[右端揃え]
　　 c. ($_\varphi$ C) ($_\varphi$ Subj T) ($_\varphi$ V) ($_\varphi$ Obj)　　[左端揃え]

(60) で特に問題となるのが主語を含む音韻句である．例えば以下のイタリア語の例では，主語が主強勢のある母音で終わり，助動詞の語頭が子音で始まり母音が続くにもかかわらず，RS が適用されていない．これは，主語と後続する T (助動詞) の間に音韻句の境界があることを示しており，(61a, b) の予測に合致するが，(60b) では説明できない:

(62) ($_\varphi$ La ceritá) ($_\varphi$ puó 　essere guarita)
　　　 the blindness　can.3sg be　　cure.PP
　　　 'Blindness can be cured'　　　　　　　　　(Ghini (1993: 44))

　また，補文標識 C と主語が同じ音韻句に属していることを示す事例もあり (4.5.3 節参照)，(60b) ではなく (61a, b) が正しい予測をする．[22]

---

[22] 仮に，フェイズの補部ではなくフェイズ全体を書き出しの適用対象としても，主語と T が同じ音韻句に属すと誤って予測する．

このように，フェイズの補部を書き出す理論では基本的な音韻句を単純に捉えられないため，書き出し領域と音韻句を規則的にずらす試みも提案されている (Dobashi (2003)，Fuß (2003/2007, 2008))．例えば，フェイズ補部の書き出しで得られる (60b) の音韻句境界を「//」で示すと (63a) のようになるが，これを1つずつ右にずらすと (63b) が得られ，N&V と同様の予測 (61a) が成り立つ.[23]

(63) a.　C　//　NP$_{Subj}$　　T　V-v　//　t_V　　NP$_{Obj}$
　　　b.　C　　NP$_{Subj}$//　T　V-v　　　t_V　//　NP$_{Obj}$

フェイズごとの書き出しにもとづく音韻句の分析のもう1つの問題は，N&V の理論やマッチ理論とは異なり，音韻句以外の韻律範疇がどのように構築されるのか，そして，音韻句と他の韻律範疇がどのように関係づけられるのかが明確になっていない点である．

ただし，フェイズ理論にもとづく音韻句の研究が数多くなされ一定の成果を挙げてていることからも，統語派生の循環と韻律領域の間に何らかの相関関係があると考えることもできるであろう．韻律階層全体を視野に入れながら，統語派生の循環が音韻部門にどのよう関連づけられるのか，様々な角度から検討することが今後の研究の課題になりそうである．

4.5.　その他の課題

4.5.1.　韻律的重さと韻律領域

4.2.1 節で見たように，イタリア語では，動詞と目的語は基本的には別の音韻句を形成するが，目的語が非枝分かれ構造の場合は動詞と同じ音韻句に属することができる．N&V はこれを説明するために，(28) の音韻句再構築を提案し，補部に言及する形で定式化した．しかし，音韻句の再構築は，動詞と補部の間だけでなく，動詞と副詞，あるいは主語と動詞の間などでも観

---

[23] Dobashi (2003) は，フェイズにもとづく多重書き出し理論のもと，句構造の終端記号の線形化を詳細に検討すると，このようなズレが必然的に生じるため，線形化プロセスの帰結として (63b) が導き出されると論じている．

38

察されることがある．

　英語には，話者による差はあるが，強勢衝突回避のため主強勢が移動する現象（強勢転移）がある．

(64)　thirtéen mén → thírteen mén

　この規則は音韻句内で適用される（N&V，Hayes（1989））．動詞と目的語の間では，イタリア語の RS 同様，目的語が非枝分かれ構造のときに適用可能である（Dobashi（2003: 83））．

(65)　a.　($_\varphi$ John)（$_\varphi$ reprodúces)（$_\varphi$ óld prints).
　　　b.　($_\varphi$ John)（$_\varphi$ réproduces　　　　　prints).

　さらに，以下に示すように，副詞句や動詞句が非枝分かれ構造の場合に，強勢転移が可能になることがある（Inkelas and Zec（1995: 543））．

(66)　a.　($_\varphi$ John)（$_\varphi$ persevéres)（$_\varphi$ gládly and diligently).
　　　　　　　*pérseveres
　　　b.　($_\varphi$ John)（$_\varphi$ pérseveres gládly).
(67)　a.　($_\varphi$ Annemaríe)（$_\varphi$ áte sandwiches).
　　　　　*Ánnemarie
　　　b.　($_\varphi$ Ánnemarie áte).

(66) では動詞に続く副詞句が非枝分かれの場合，(67) では主語に続く動詞句が非枝分かれの場合，動詞と主語にそれぞれ強勢転移が適用される．

　そうすると，N&V の (28) のような統語構造の補部に言及する再構築の定式化は見直す必要がある．[24] 韻律の研究では，例えば韻脚（foot）が少なくとも 2 つのモーラから成るという最小性制約（FTMIN）があるが（McCarthy and Prince（1993）），Inkelas and Zec（1995）は，これと同様に，音韻句

---

[24] その後の研究で，SVO 語順のときのイタリア語の主語は話題（Topic）である場合があり（Frascarelli（2007）），また，話題化された要素は単独で音調句を形成することが指摘されている（Frascarelli（2000））．したがって，イタリア語で主語に音韻句の再構築が適用されないのは，主語の話題化が関与しているためだと考えられる（Dobashi（2019））．

は少なくとも 2 つの韻律語を含まなければならない，という最小性制約を
提案した．

(68)　(_φ ω ω)

これによると，(65b-67b) では，目的語名詞句，副詞句，動詞句に対応
する音韻句が 1 語から成り (68) に違反するため，以下のような再構築の結
果，それぞれ強勢転移が適用されることになる．

(69) a.　(_φ John) (_φ réproduces) (_φ prints) →

　　　　(_φ John) (_φ réproduces　　prints)　　　　　　(＝(65a))

　　 b.　(_φ John) (_φ pérseveres) (_φ gládly) →

　　　　(_φ John) (_φ pérseveres　　gládly)　　　　　　(＝(66b))

　　 c.　(_φ Ánnemarie) (_φ áte) →

　　　　(_φ Ánnemarie　　áte)　　　　　　　　　　　　(＝(67b))

ここで注意したいのは，このような再構築が，「補部」などの統語的要因
とは無関係に，純粋に音韻的な要因にもとづき適用される点である．これ
は，統語的句構造とは別に音韻部門内に韻律構造を構築する必要性を示唆し
ていると考えられるだろう．また，4.2.1.2 節でも触れたが，最小性制約のよ
うな韻律的な重さにもとづく再構築は，音韻句だけでなく，音調句などほかの
韻律領域にも適用されることがある (N&V, Frascarelli (2000))．韻律領域の
形成は，統語-音韻写像だけですべてが説明されるわけではなく，音韻的な
要因や発話の速さ，そして次節で見るように情報構造などにも影響を受ける．

4.5.2.　情報構造と韻律領域

音韻句や音調句の形成は，話題 (topic) や焦点 (focus) に大きく影響され
ることが知られており，情報構造と韻律領域の関係は重要な研究課題となっ
ている．この節では，日本語と英語を例に，焦点が音韻句に与える影響を手
短かに見る．

日本語では，焦点要素の直前に音韻句境界が形成され，あとに続く要素が
すべて同じ音韻句に属す．(70) を見てみよう．文中の特定の要素が焦点化

40

されない「普通」の文の音韻句は (70a) であるのに対し、「会った」、「名古屋」、「が」、「ナオコ」が焦点化されると、それぞれ (70b-e) に示す音韻句が形成される（以下，焦点要素は太字で示す）．そして「ナオコ」「名古屋」「マリ」「会った」はすべてアクセントを持つ語なので，それぞれの音韻句内でダウンステップが適用される (Nagahara (1994))．

(70) a. (φ ナオコが) (φ 名古屋で) (φ マリに会った)
     b. (φ ナオコが) (φ 名古屋で) (φ マリに) (φ **会った**)
     c. (φ ナオコが) (φ **名古屋で**　マリに会った)
     d. (φ ナオコ) (φ **が**　名古屋で　マリに会った)
     e. (φ **ナオコが**　名古屋で　マリに会った)

これに対し，英語では焦点の置かれた要素の前に音韻句境界が形成されなくなる．(71a) のように，通常，主語は動詞と別の音韻句を形成するので強勢転移の適用を受けないが，(71b) のように動詞に焦点が置かれると主語に強勢転移が適用される (Kenesei and Vogel (1995: 19, 22))．

(71) a. (φ The racketéer) (φ ácted) innocent, but he really wasn't.
     b. (φ The rácketeer **ácted**) innocent, but he really wasn't.

同様に，動詞と目的語の間でも，動詞に後続する要素に焦点が当てられると，動詞に強勢転移が適用される．

(72) a. It's hard (φ to outcláss) (φ Délaware's) football team.
     b. It's hard (φ to óutclass **Délaware's**) football team.

日本語の焦点と音韻句形成の分析には，基本的な音韻句形成により作られるはずの音韻句境界を削除するアプローチ (Nagahara (1994), Truckenbrodt (1995)) や，音韻句境界は削除せずに音声的にピッチの幅が狭窄されるとの分析などがある (Pierrehumbert and Beckman (1988))．詳細については，Sugahara (2003) や Ishihara (2016) などを参照されたい．

4.5.3.　統語現象の音韻的再分析

　ここまで，統語-音韻インターフェイスについて，統語と韻律領域の関係という視点で概説してきたが，音韻的な現象だけでなく，従来，統語的に分析されてきた現象を，音韻的に捉え直す試みもなされている．例えば，Zubizarreta (1998) や Shiobara (2010) は重名詞句転移 (Heavy NP Shift)，Göbbel (2013a, b, 2020) は関係節や前置詞句の外置 (Extraposition) の韻律的な分析を提示している．

　ここでは，that-痕跡効果の音韻的な分析を紹介する．that-痕跡効果とは，that 節において，that に後続する主語が抜き出されると非文になるという現象である．

(73) a.　What do you think [$_{CP}$ that John bought t_{what}]?
　　 b. *Who do you think [$_{CP}$ that t_{who} bought the camera]?

　これは統語的な現象として分析されることが多いが (Chomsky and Lasnik (1977), Chomsky (1981, 2013, 2015))，音韻的な分析も提案されている (Sobin (2002), Kandybowicz (2006) など)．Sato and Dobashi (2016) は，語彙範疇条件 (36) のもと，統語-音韻写像において機能語は非可視的なので，機能語である補文標識 that は単独で音韻句を形成することができないと論じた：

(74) *($_φ$ that)

N&V の音韻句形成規則のもとでは，(75a) に対し (75b) に示す音韻句が形成される．

(75) a.　... I [$_{VP}$ V [$_{CP}$ C [$_{IP}$ Subj　I [$_{VP}$ V　　Obj]]]]
　　 b. （$_φ$ I　　V）（$_φ$ C　　Subj）（$_φ$ I　　V）（$_φ$ Obj）

すると，(73a) の文法的な例では (76) に示すように that が後続する顕在的主語と同じ音韻句に含まれ (74) に違反しないが，(73b) のように主語が抜き出されると，(77) に示すように that が単独で音韻句を形成することになり (74) の違反となる．

(76)　what do you think [$_{CP}$ that [$_{IP}$ John　[$_{VP}$ bought t_{what}]]
　　　　　　　　　　　　(that　　　John)$_φ$

(77)　*who do you think [$_{CP}$　that [$_{IP}$ t_{who} [$_{VP}$ bought the camera]]
　　　　　　　　　　　　*(that　　　　　)$_φ$

　この分析のもと，Sato and Dobashi は that に後続する副詞や焦点要素により that- 痕跡効果が消失する現象などを原理的に説明できることを示した．

　このような，従来，統語的に分析されてきた現象を音韻的に捉え直す研究が盛んになりつつある．いくつか例を挙げると，この節の冒頭で挙げた重名詞句転移や外置に加え，上述の that-痕跡効果と同様の分析を動詞句削除と前置詞残留に適用する分析 (Saito (2020))，日本語のかき混ぜ (Scrambling) の一部を韻律的な移動として捉える分析 (Agbayani et al. (2015))，日本語の後置現象 (postposing) を韻律的な移動として捉える分析 (Takano (2014))，スカンジナビア諸語の目的語転移 (Object Shift) に課される条件 (Holmberg の一般化) を音調の観点で説明する試み (Hosono (2013))，左枝条件 (Left Branch Condition) を韻律の型に帰す提案 (Shiobara (2020))，主要部パラメータなどの語順を決定するメカニズムを語アクセントの位置に帰す試み (Tokizaki (2011, 2013))，顕在的移動の有無を韻律構造と各言語の形態的特性に帰す理論 (Contiguity Theory) (Richards (2016)) などが提案されている．

　ミニマリスト・プログラムは，これまで四半世紀以上にわたり一貫して言語の諸特性をインターフェイスに還元するという研究指針を掲げてきた．この指針のもと，現在の統語-音韻インターフェイス研究は，言語現象の音韻部門に帰される諸特性を具体的に検証する段階へと発展しているといえるであろう．

5.　おわりに

　本章では，統語-音韻インターフェイスにおける韻律領域の形成を，統語理論の進展とともに見てきた．近年の統語理論では，インターフェイスにお

ける統語対象（syntactic object）の解釈を言語設計における第 3 要因（third factor）の 1 つである最小探査（Minimal Search）にもとづいて決定するラベル付けアルゴリズム（labeling algorithm）が提案されている（Chomsky 2013, 2015）．また，併合（Merge）の作業空間（Workspace）を明示的に設定し，併合を作業空間から作業空間への写像として捉え，この写像に課される諸条件が検討されている（この写像は MERGE（capital Merge）と呼ばれている）(Chomsky (2019))．近年の統語理論の進展が統語–音韻インターフェイスの研究にどのように影響を与えるのか，あるいは，統語–音韻インターフェイスの観点から統語理論のあるべき姿を探っていけるのか，など，今後も多くの興味深い課題が提示され続けるだろう．[25]

---

[25] 統語派生の循環ごとに適用される最小探査にもとづく音韻句の形成，併合の作業空間にもとづく音調句の形成，そして線形化にもとづく韻律階層の形成について Dobashi (2019) で検討されている．

第 2 章

統語論と形態論のインターフェイス*

岸本秀樹（神戸大学）

1. 統語論と形態論

　統語論（**syntax**）は，語と語を組み合わせてどのようにして文を作るかという問題（狭い意味での**文法**（**grammar**））を扱う．これに対して，**形態論**（**morphology**）は，語の形態の問題を扱う．したがって，統語論と形態論のインターフェイスでは，統語と語の形態の相互関係を扱うことになる．本章では，主に日本語と英語の述語の構造と形態の比較を通じて，統語論と形態論のインターフェイスがどのように捉えられるかについて考える．日本語と英語の統語構造は基本的に同じであるが，形態的な特徴が異なる．この違いにより，日本語において英語とは異なる文法操作が可能になったり，文法的な振る舞いが異なったりすることを示す．

　本章では，2 節において日本語と英語の基本的な句構造について検討し，日英語において語の形態的な特徴の違いにより異なる表層構造が作りだされることを見る．3 節では，日本語の大主語構文において観察される所有者上昇について検討する．4 節では，「動詞的名詞＋する」の形式を持つ軽動詞構文に目を向け，動詞的名詞からの項の抜き出し，および動詞的名詞の「す

---

　* 本章の内容には，JSPS 科研費（課題番号 JP16K02628, JP20K00605）の助成を受けた研究成果が含まれている．

る」への名詞編入の現象について見ていく．5節では，複合動詞構文の埋め込み構造について考える．6節は全体のまとめである．

2． 単文の構造

まず，類型論的な観点からは，日本語は**膠着言語**（**agglutinative language**）の性質を持っているとされる（Comrie（1989）によれば，膠着言語は，複数の形態素が目に見える形で語の中に現れる言語である）．これに対して，英語は，他のヨーロッパ言語とともに**屈接言語**（**inflectional language**）に分類されるが，（ドイツ語，オランダ語などの）他のゲルマン系言語に比べて，語の活用がそれほど豊富ではなく，語は独立して現れる傾向がある．英語と日本語の形態の違いは，述語の形態に特に特徴的に現れる．そのことを見るために，まず，日本語と英語の**使役構文**（**causative construction**）を比較してみる．

(1) a. The teacher caused his students to run.
   b. 先生が生徒を走らせた．

(1a) の英語と (1b) の日本語は同じ使役の意味を表しているが，表面的な構文の形式はかなり異なる．英語の使役構文では，**本動詞**（**main verb**）が**使役動詞**（**causative verb**）とは離れた構造位置に現れる．これに対して，日本語の使役形動詞「走らせた」は，hasir-ase-ta のように分節することができるが，形態的には一語であると認識される．一見，この事実は，日本語と英語が異なる構文（構造）を用いて使役を表現しているように見える．しかしながら，実際の統語構造はそれほど変わらない．語順の違いはあるものの，(1) の2つの文は (2) のような埋め込み構造を持っている．

(2) a. [The teacher made [his students run]]
   b. [先生が [学生を hasir]-ase-ta]

英語も日本語も統語構造においては，使役動詞が埋めこみ節をとっているのである．しかし，英語とは異なり，日本語では，本動詞と使役要素が形態的

に一体となっているために，埋めこみ構造は表面上必ずしも明らかではない.

　生成文法では，**普遍文法**（**Universal Grammar**（＝**UG**））から個別言語（individual language）の文法が作られるため，それぞれの言語の文法の骨格部分は変わらないと考えられている（Chomsky（1981, 1986b）などを参照）. そうすると，（1）の日本語と英語の使役構文が同じような構造を持っていることは十分に期待できる. また，日本語の膠着言語としての性質から，本動詞の後に現れる述語要素（助動詞類）は，（直前の要素に付く）従属要素になる. 日本語の述語の構成要素は可視的であるため，英語と同じような統語構造を持っていることが推察される. しかし，1 つにまとまった語が必ずしも統語的に分解可能な構造を持つとは限らず，単に複雑な形態を持つ語であることもあるため，日本語の構文がどのような構造を持つかについては慎重に考える必要がある.

2.1　文の基本構造

　言語には，**基本語順**（**basic word order**）がある. 日本語と英語は基本語順が異なる. 英語は他動詞文において，主語（S），動詞（V），目的語（O）の 3 つの要素が主語-動詞-目的語のように並ぶ **SVO 言語**（**SVO language**）で，日本語は主語-目的語-動詞のように並ぶ **SOV 言語**（**SOV language**）である（Newmeyer（2005）などを参照）. **自然言語**（**natural language**）の文法は基本的な部分が同じであるという普遍文法の見地からは，日本語の単文の構造は（語順の問題を捨象すると）英語の単文の構造ときわめて似ていることが予測される.

　日本語と英語の単文についてどのような統語構造を持っているかを具体的に考えると，日英語とも，述語は時制要素と結びつき，否定要素を伴うことも可能である. **否定文**（**negative sentence**）では，英語は T-Neg-V の連鎖を持ち，日本語は V-Neg-T の連鎖を持つ.

　（3）a.　ジョンはメアリーと<u>話さなかった</u>.
　　　 b.　John <u>did not talk</u> with Mary.

英語の**肯定文**（**affirmative sentence**）に現れる定形動詞は，例えば，talked

のように，動詞本体と時制 (**tense**) が形態的に融合している．しかし，過去形動詞の talked が統語的に一語をなしているわけではないことは，動詞を否定形にすることにより確認できる．talked は，時制と動詞の間に not が挿入されると，(3b) のように，did not talk という連鎖が現れるため，統語的には talk + -ed のような構成を持っていることがわかるのである．

　英語では，表面上，主語は動詞句の外に現れ，目的語は動詞句の中に現れる．このことは，いくつかの統語テストによって確認することができる．ここでは，**動詞句前置** (**VP-fronting**) の統語操作を用いて検証することにする．例えば，英語の他動詞文では，動詞 + 目的語の連鎖を (4) のように文頭に置くことができる．

(4)　Joh said he would scold Mary, and [scold Mary] he did.

(4) の第 2 節では，動詞句の移動が起こっている．一般に，**移動** (**movement**) は統語的にまとまりをなす**構成素** (**constituent**) に対して適用できるので，(4) の括弧で囲まれた部分が構成素を形成し，その外側に主語が現れていることがわかる．

　次に，**述語** (**predicate**) と**項** (**argument**) の関係について見てみると，主語は文において顕著な項であると認識されるために，統語的には，目的語とは異なり，動詞句の外に現れる．生成文法の**動詞句内主語仮説** (**VP-Internal Subject Hypothesis**) では，動詞句 (Verb Phrase (= (VP)) の内部に生成された主語は，文の主語の位置 (TP (時制辞句) の指定部) に移動するとされる (Sportiche (1988), Koopman and Sportiche (1991), McCloskey (1997), Fukui (1986), Kuroda (1988) など)．この仮説に従えば，例えば，(5a) の他動詞文では，(5b) の実線の矢印で示されている主語の**名詞句移動** (**NP-movement**) (あるいは**主語上昇** (**subject raising**)) が起こる．[1]

---

[1] 便宜上，樹形図では動詞句内の主語の表記を省略する場合がある．

(5) a.　John met Mary.

b.

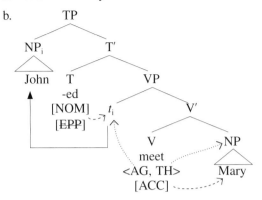

　動詞句内主語仮説においては，動詞がとる項の**意味役割**（**thematic role**）は，すべて動詞句内で与えられる．(5a) の他動詞文では，動詞 meet が＜動作主，対象＞の**項構造**（**argument structure**）を持ち，主語と目的語は動詞句内でそれぞれ**動作主**（**agent**）と**主題**（**theme**）の意味役割が与えられる．動詞がとる項は，**格**（**Case**）の認可も必要である．本論では，格の認可子が主語や目的語を c-統御する関係があれば，長距離での一致により格の認可が可能であるという考え方をとる（Chomsky (1995)）．時制要素は，動詞句内にある主語の**主格**（**nominative Case**）を認可し，動詞は動詞句の補部にある目的語の**対格**（**accusative Case**）を認可する．したがって，英語の他動詞文では，He met her. のように，代名詞の主語は主格で，そして代名詞の目的語は対格で現れる．主語が動詞句の外に移動するのは，時制句に指定部要素が必要であるという要請（**EPP の要請**（**EPP requirement**））による（Chomsky (1982)）.[2] T には EPP の文法素性があり，この文法素性は，主語が TP に移動すると削除される．これらの操作がすべて適正に行われれば文法的な文が派生される．

　日本語も，語順を除けば，英語と同様の文構造を持っている．例えば，(6a) の他動詞文は，(6b) の構造を持っている．

---

[2] EPP は，Extended Projection Principle の頭文字をとったものである．

(6) a. 隆史が子供をほめた.

b.

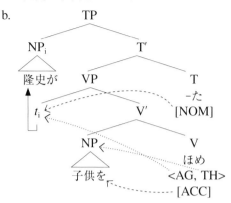

(6a) の動詞「ほめる」は，＜動作主，対象＞の項構造を持ち，主語と目的
語は動詞句内でそれぞれ動作主と対象の意味役割を動詞から与えられる．主
語の主格は時制要素によって認可され，目的語の対格は他動詞によって認可
される．時制要素には EPP の要請があるため，主格主語は動詞句の外にあ
る TP の指定部に移動する.

　日本語において，ガ格で標示される主格主語は，英語と同じように，TP
の指定部に現れる．このことは，動詞句を焦点位置に置く（**疑似**）**分裂構文**
（**(pseudo-) cleft construction**）を用いて検証できる（岸本 (2016) 参照）.

　(7) a.　隆史がしたのは [子供をほめる] ことだ.

　　 b. *子供をしたのは [隆史がほめる] ことだ.

(6a) の他動詞文では，(7a) のように，主語を**前提節**（**presuppositional
clause**）に残し，動詞と目的語を文末の**焦点位置**（**focus position**）に置くこ
とができる．しかし，(7b) で示されているように，目的語を前提節に残し，
主語と動詞を焦点位置に置くことはできない．(7a) が適格であることから，
目的語の「子供」と動詞の「ほめる」がまとまり（構成素）を形成しているこ
とがわかる．これに対して，主語は目的語と動詞のまとまりの外にあるた
め，(7b) は容認されない．(7) のデータは，日本語の他動詞文が英語の他
動詞文と基本的に同じ構造を持っていることを示している.

　日本語の主語がもともと動詞句内にあったということは，**主語指向性**（**subject orientation**）のある**描写述語**（**depictive predicate**）を用いて検証することができる.

　(8) a.　太郎は<u>泥酔状態で</u>花子をほめた.
　　　b.　太郎は<u>生で</u>魚を食べた.

(8a) の「泥酔状態で」は，主語指向性描写述語で，主語の状態を記述する.
(8b) の「生で」は，**目的語指向性**（**object orientation**）を持つ描写述語で，目的語の状態を記述する.
　目的語指向性描写述語は，(9) のように，動詞句分裂文の前提節に現れることはできないが，焦点位置には現れることができる.

　(9) a. *太郎が<u>生で</u>したのは [魚を食べる] ことだ.
　　　b.　太郎がしたのは [<u>生で</u>魚を食べる] ことだ.

動詞句の疑似分裂文では，他動詞の目的語は焦点位置に現れなければならないので，目的語指向性描写述語も焦点位置に現れることができる. そして，前提節には他動詞の目的語が現れることができないために，目的語指向性描写述語も前提節に現れることができない.
　動詞句分裂文では，主格主語は前提節に現れるが，主語指向性描写述語は，(10) で示されているように，動詞句分裂文の前提節に現れてもよいし，焦点位置に現れてもよい.

　(10) a.　太郎が<u>泥酔状態で</u>したのは [花子をほめる] ことだ.
　　　 b.　太郎がしたのは [<u>泥酔状態で</u>花子をほめる] ことだ.

生成文法では，要素間の関係づけは，一般に局所的な関係で認可される（**局所性**（**locality**）を持たなければならない）と考えられているので，(10) の主語指向性描写述語の分布は一見すると局所性の違反となっているように見える. しかし，動詞句内主語仮説で考えられているように，主語がもともと動詞句の中にあるならば，主語指向性描写述語が付加できる位置が，(11) で示されているように，2 カ所あることになる.

52

(11)　[_TP 太郎が _i　　　[_VP _t_i 花子をほめ] た]

　　　　　　↑　　　　　　↑

　　　泥酔状態で　　泥酔状態で

そうすると，（10a）では，主語指向性描写述語が文の主語位置（TP の指定
部）に現れた主語を叙述しているが，（10b）の焦点位置に現れる主語指向性
描写述語は，TP の指定部にある主語ではなく，動詞句内にある主語（の痕
跡）を叙述していることになる．このために，主語指向性描写述語は，動詞
句分裂文において，（主語のある）前提節とともに（主語の痕跡のある）動詞
句が現れる焦点位置にも起こることができるのである．

　ちなみに，描写述語に関しては，英語も動詞句分裂文に関して同様の分布
が観察される．

(12) a.　What John did is play tennis barefoot.

　　　b.　What John did barefoot is play tennis.

(13) a.　What John did is eat the meat raw.

　　　b.　*What John did raw is eat the meat.

英語においても，主語指向性描写述語は，目的語指向性描写述語と同様に動
詞句分裂文の焦点位置に現れることができる（Roberts（1988）などを参照）．
描写述語の叙述関係は局所的に決まることから，基本的に，英語も日本語
も，節の主語は動詞句内に由来すると考えることができる．

　英語において，定形節に現れる主語は**主格（nominative case）**を持つ．
日本語においては，定形節の主語はガ格（主格）で標示されることが多いが，
ある一定の条件が満たされれば，（14）のように，主格以外の格標示も可能
である（Kishimoto（2010, 2012, 2017））．

(14) a.　先生から花子に話しかけた．

　　　b.　担当の先生で集まった．

　　　c.　太郎にその字が見える．

日本語では，主語が**動作主（agent）**の意味役割を持ち，かつある種の**起点**

（**source**）を表す場合には，(14a) のように，カラ格の標示が可能である．
(14b) の主語もやはり動作主であるが，複数人からなる集団を指している場
合には，主語をデ格で標示することが可能である．(14c) は，述語が状態を
表す他動詞で，主語が**経験者**（**experiencer**）（あるいは**所有者**（**possessor**））
の意味役割を持つ場合には，与格（ニ格）の標示が可能になる．

　(14) の下線が引かれた項が主語として機能していることは，主語を先行
詞としてとらなければならないという文法制約のある**再帰代名詞化**（**reflex-
ivization**）の事実から確認できる．

(15) a.　隆史が自分の部屋で子供をほめた．
　　 b.　先生から自分の生徒に話しかけた．
　　 c.　担当の人（たち）で自分たちの計画を作った．
　　 d.　啓子に自分の子供が見えていない．

(15a) の主格名詞句は，「自分」の先行詞となりうるので，主語とみなすこ
とができる．同様に，(15b) のカラ格名詞句，(15c) のデ格名詞句，(15d)
のニ格（与格）名詞句も，「自分」の先行詞となりうることから，これらの名
詞句も統語的に主語として機能していることがわかる．

　ここで，(14) の主語がどのような統語位置に現れているかについて考え
ることにする．先にも見たように，主格主語は，動詞句内から節の主語位置
に上昇している．このことは，(16) のような様態を表す「そうだ」を含む
構文における**主語尊敬語化**（**subject honorification**）の可能性から検証す
ることができる．

(16) a.　先生が子供をほめそうだ．
　　 b.　先生が子供を<u>おほめになり</u>そうだ．
　　 c.　先生が子供をほめそうで<u>いらっしゃる</u>．

日本語の主語尊敬語化には，主語をターゲットとするという文法的な制約が
かかるが，(16a) の構文では，主語尊敬語化が可能な箇所が 2 カ所ある．こ
れは，(17) で示されているように，動詞句内にあった主語が助動詞要素の
入る投射（本論では ModalP と呼ぶ）を経由して TP の指定部まで上昇して

54

いるためである.

(17)　[TP 先生が [ModalP t_i [VP t_i ... ほめ] そう] だ]
　　　　　　　　↑　　　↑
　　　　　尊敬語化　尊敬語化

主格主語構文では，基底生成された動詞句の中に現れる主語（の痕跡）を
ターゲットとする（16b）の主語尊敬語化（「おほめになりそうだ」），および
TP と VP の間に存在する投射 ModalP との指定部にある主語（の痕跡）を
ターゲットとする（16c）の主語尊敬語化（「ほめそうでいらっしゃる」）が可
能なのである．これに対して，カラ格主語構文とデ格主語構文に関しては，
（18）と（19）に示されているように，主語尊敬語化の可能な箇所が 1 カ所
に限定される.

(18) a.　担任の先生から学生にお話しになりそうだ.
　　　b. *担任の先生から学生に話しそうでいらっしゃる.
(19) a.　担任の先生でお集まりになりそうだ.
　　　b. *担任の先生で集まりそうでいらっしゃる.

（18）と（19）は，動詞句内に現れる主語をターゲットとした主語尊敬語化
（「お話しになりそうだ」「お集まりになりそうだ」）は可能であるが，上位の
投射 ModalP の指定部の主語をターゲットとした主語尊敬語化（「話しそう
でいらっしゃる」「集まりそうでいらっしゃる」）が容認されないことを示し
ている．このことは，動詞句の中にしか主語尊敬語化を適用できる要素（主
語）がないことを示唆している.

(20)　[TP [ModalP [VP 先生から／で ... ほめ] そう] だ]
　　　　　　　　　　　　↑
　　　　　　　　　尊敬語化

主語尊敬語化の事実から，カラ格の主語やデ格の主語は，（20）のように，
動詞句内にとどまり，文の主語位置（TP の指定部）には上昇していないこ
とがわかる.

　次に，二格（与格）主語については，主格主語と同様に，2 カ所での主語
尊敬語化が可能である．

(21) a.　先生にその建物が<u>お見えになり</u>そうだ．
　　 b.　先生にその建物が見えそうで<u>いらっしゃる</u>．

(21) では，動詞句の中に現れる主語をターゲットとする主語尊敬語化（「<u>お</u>
<u>見えになり</u>そうだ」）とともに，ModalP の指定部にある主語をターゲット
とする主語尊敬語化（「見えそうで<u>いらっしゃる</u>」）が可能である．

(22)　[_TP 先生に [_ModalP t_i [_VP t_i … 見え] そう]だ]
　　　　　　　　　　　↑　　↑
　　　　　　　　　尊敬語化　尊敬語化

(21) の分布は，主格主語と同じように，与格主語も，(22) のように，節の
主語位置（TP の指定部）に移動することを示唆している．
　要するに，(23) で示されているように，主格主語と与格主語は TP の指
定部に移動するが，カラ格主語やデ格主語は，主語位置への移動が起こら
ず，主語が基底生成される動詞句内にとどまるのである．

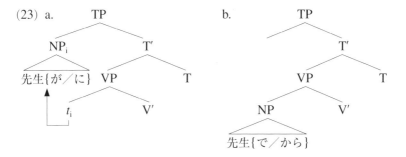

主語移動の有無は，主格が**構造格**（**structural Case**）を表す標識であるの
に対して，「から」や「で」が後置詞であることと関係がある．英語では，定
形節（TP の指定部）に主語が必要であるという EPP の要請がある．この
EPP の要請のために，動詞句内に現れる主語は，TP の指定部に移動する．
日本語では，主格主語や主格目的語のように主格の構造格を持つ項がある場

合には，時制の T によってこれらの項の格が認可される必要がある．主格
主語に対しては，T が主格の認可をするため，T は活性でなければならず，
T には，EPP の要請が課される．与格主語構文では，(14c) のように，主
格目的語が必要で，主格目的語が現れない「*太郎にその字を見える」は非
文法的になる (3 節参照).[3] したがって，与格主語構文においても，T に
EPP の要請が課される．そのため，主格主語構文と与格主語構文では，主
語は動詞句の中から文の主語位置（主節 TP の指定部）に移動する．これに
対して，カラ格主語やデ格主語に現れるカラ格やデ格は後置詞なので，それ
自体は外的に認可される必要がない．また，(14a) と (14b) で示されてい
るように，主格の項が現れる必要もない．したがって，主格項の現れないカ
ラ格主語構文やデ格主語構文では，T は不活性であってもよい．T が不活性
な場合には，T に EPP の要請が課されないため，カラ格主語やデ格主語は，
TP の指定部に移動しない．

2.2.　述語の形態

　日本語の述語は，**拘束形態素**（**bound morpheme**）が述語に付加される
ことによって**複雑述語**（**complex predicate**）を形成する．これに対して，
英語では，述語に関係する要素は，基本的に述語とは独立して現れるが，時
制は独立で起こることができない．そのため，肯定文では，時制は動詞の活
用の一部として現れるものの，否定文では，(24) のように，実質的な意味
を持たない動詞 do が時制を指定する要素として現れる．これは，いわゆる
do 支持（**do-support**）という現象である．

---

[3] 与格は，外部の要素によって認可される必要のない内在格（inherent Case）の一種であ
ると考えておく．

(24) a.　John did not meet Mary.

　　 b.

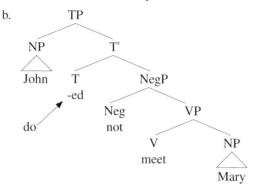

　英語の否定辞の not は，**否定辞句（NegP）**を投射する．そして，(24a) の
ように，時制の位置に現れる *-ed* と本動詞の間に not が現れると，時制と
動詞が融合した定形動詞を作ることができない．拘束形態素は独立して起こ
る要素に付加される必要があるために，(24a) のような否定文では形態的な
救済手段としての（実質的な意味のない）動詞 do の挿入が起こるのである．
　英語で do 支持が起こるかどうかは，動詞が移動を起こすかどうかとも関
連する．例えば，定形動詞でも，(26a) のように，**be 動詞**が現れた否定文
では do 支持が起こらない．また，have のような**アスペクト動詞（aspectu-
al verb）**が起こる否定文でも do 支持は起こらない．

(25) a.　John is not a student.

　　 b.　John has not been to Paris.

　英語の（定形の）be 動詞やアスペクト動詞の have は，(26) に示されてい
るように，**主要部移動（head movement）**により，下位の動詞句の主要部
位置から時制要素の現れる T の主要部へ移動する．

(26) a.

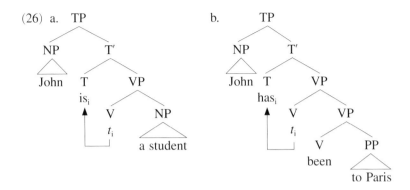

主要部移動の結果，動詞が主要部移動によって時制要素の位置に上昇すると，時制要素は，be 動詞やアスペクト動詞 have と直接結びつく．この場合，時制を形態的に救済する手段である do 支持は起こらない．

　同じ形態を持つ動詞 have でもアスペクト動詞ではなく，使役や受身の意味を表す**本動詞**（**main verb**）として使用される場合には，否定文では do 支持の操作が必要になる．

(27) a. John had his student examined by the doctor.
　　 b. John did not have his student examined by the doctor.

英語の使役動詞の have は本動詞であり，T への主要部移動を起こさないために，T と have の間に否定の not が現れると，形態的な救済手段としての do 支持が必要となるのである．

　ここで日本語に目を向けると，日本語は膠着言語であるために，英語であれば分析的な構造（それぞれの要素が統語的に独立した構造）になる述語要素の多くが拘束形態素として現れる（Kishimoto（2013））．したがって，日本語では，支持動詞の挿入は，英語の do 支持よりも多くの箇所で起こる．英語の do 支持は定形動詞が not で否定された時にのみ起こるが，日本語の支持動詞の挿入は時制要素に対してだけではなく，述語と共起する拘束形態素の助動詞要素に対しても起こる．

　まず，日本語の時制要素は，英語の時制と同じように，それ自体では独立して起こることができない拘束形態素である．したがって，日本語でも，

(28b）で示されているように，時制が前に現れる要素と形態的に直接結びつくことができない環境では，英語の do 支持と同様の現象が起こる.

(28) a.　昭雄はそれを読んだ.
　　 b.　昭雄はそれを読<u>み</u>もした.

日本語の (28a) の動詞は「読んだ」であるが，時制と動詞の間に「も」のような助詞が挟まると，(28b) のように「読みもした」という形式で現れる.時制が助詞によって切り離されると，そのままでは派生が破綻する（つまり，「*走りもた」は不可である）.この場合，時制の前に「する」が挿入され，述語は「動詞の語幹＋も＋<u>し</u>た」連鎖を持つのである.(28a) のような**動詞述語**（**verbal predicate**）が現れている文で挿入される動詞は「する」なので，この支持動詞挿入の操作は**「する」支持**（*suru*-**support**）と呼ばれる.

　日本語では，形態支持に使用される動詞は「する」以外にもう 1 つある.**形容詞述語**（**adjectival predicate**）の文においては，「は」や「も」のような助詞が形容詞の後に現れると，「する」ではなく「ある」が時制要素の支持のために挿入される（**「ある」支持**（*aru*-**support**））.

(29) a.　その景色は美しい.
　　 b.　その景色は美しく<u>も</u>ある.

(29b) の形容詞述語に起っている動詞「ある」の挿入も (28b) と同じ形態的な支持を行うための操作である（Kishimoto (2007)）.日本語の複雑述語では，拘束形態素が助詞によって前の要素から切り離された場合には，実質的な意味のない動詞である「する」あるいは「ある」を挿入して，形態的な支持が行われれば適格な形式が派生されるのである.

　日本語では，主動詞に後続する要素は拘束形態素であることが多く，そのために，拘束形態素の形態的な支持を行う支持動詞の挿入は，時制要素以外の要素が（助詞によって）動詞から引き離されても起こる.(30) は受身文の例である.

(30) a. 真理が先生に叱られた.

  b. 真理が先生に叱られ<u>は</u>した.

  c. 真理が先生に叱り<u>は</u>された.

(30b) のように，受身の形態素に「は」が後続すると，時制の前に「する」が入れられ，「叱られはした」のような形式が派生される．(30c) のように，動詞に「は」が後続すると，切り離された受身の形態素の「られ」の前に「する」が挿入され，「叱りはされた」という形式が派生される．(30b) と (30c) の受身文では，(31) で示されているような「する」の挿入が起こっているのである．

(31)

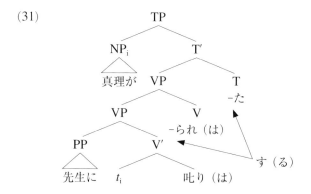

また，日本語では，「読むだろう」のように動詞の後に助動詞が接続することもある．この場合，動詞の後に「も」が後続すると，助動詞の前に「する」が挿入され，「読みもするだろう」のような形式が派生される．「する」支持は（従属要素の）助動詞に対しても適用されるのである (岸本 (2005))．

 支持動詞を挿入する派生ができない要素も存在する．動詞を否定する否定辞の「ない」に助詞が続くと，「する」の支持の形態的な操作を行っても適格な文は派生されない．

(32) a. 学生がその本を読まなかった.

  b. *学生がその本を読まな<u>く</u>もあった.

否定辞の「ない」は，形容詞の活用をするので，「ない」から時制要素が切り

離された場合に，時制の前に「ある」を挿入すると，適格な文が派生される
はずである．しかし，(32b)で示すように，否定辞の「ない」は右側に助詞
の挿入を許さない．これは，「ない」が主要部移動を受けて，時制まで上昇
し，時制要素と一体化するからである (Kishimoto (2017, 2018))．

(33)

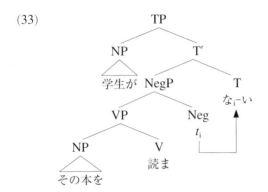

「ない」の移動は，英語のアスペクト動詞で観察されたのと同じタイプの移
動である．英語のアスペクト動詞が TP の主要部に移動すると，not よりも
上位の位置に現れ，do 支持が起こらない．そして，動詞に後続する否定辞
「ない」は，(33)のように，TP の主要部に移動するため，否定辞には助詞
の付加ができないのである．

　(33)で示されているように，(32b)の「ない」は統語的に移動して，時
制辞と一語化する．否定辞に「も」が付加できないのは，「は」や「も」のよ
うな助詞を語の中に挿入できないという一般的な制約による．

(34) a.　自転車＋も → 自転車も
　　 b.　自転車＋も＋通学 → *自転車も通学

(34a) は，「自転車」のような名詞の右側に「も」を付加できることを示して
いる．これに対して，(34b)のように複雑な語（この場合は複合語）が作ら
れる場合には，助詞を挟み込むことができない．これと同じことが (32b)
に起こっているために，(32b) は非文となるのである．

　「ない」と時制要素の間に助詞を挟むことができないのは，「ない」が否定

辞として機能している場合にのみ観察される．例えば，「つまらない」は，時制が助詞によって形容詞から切り離されても，(35b) のように，「ある」支持が適用されると適格な文が派生される．

(35) a.　この映画はつまらなかった．

　　 b.　この映画はつまらなくはあった．

(35a) の述語の「つまらない」は，形態的には「動詞＋ない」の形式を持っているが，統語的には一語の形容詞を形成する．そのため，「つまらない」は，「ある」支持に関して，通常の形容詞述語と同じ振る舞いをするのである．

　次に，どのような条件で主要部移動が日英語で起こるかについて考えてみる．英語の場合には，主要部移動は，be や have のようなアスペクト動詞に対して適用される．アスペクト動詞は，本動詞とは異なり，(文のアスペクトを指定するという) **機能語 (functional word)** の役割を担っている．日本語の否定辞にもこれと似たことが起こっている．日本語の「ない」は，形容詞の活用をすることからわかるように，もともとは形容詞であったと考えられる．しかし，現代日本語では文の命題を否定する機能語として使われる．したがって，「ない」は，通常の形容詞から機能語になったため，主要部移動を起こすようになったと言える．

　本論で言う「機能語」は，伝統的な日本語文法で言われる**助動詞 (auxiliary)** とは一致しないことに注意する必要がある．伝統的な日本語文法においては，助動詞は動詞に後続する従属要素 (拘束形態素) であり，動詞に後続する「ない」は助動詞に分類される．「ない」と同じように形容詞の活用をし，願望の意味を表す「たい」も助動詞に分類される．しかし，(36) に示されているように，「たい」は助詞の挿入に関して「ない」とは異なる振る舞いをする．

(36) a.　学生はその本を読みたかった．

　　 b.　学生はその本を読みたくもあった．

(36) は，願望の意味を表す「たい」が，(37) のように，主要部移動を受けないことを示唆している．

(37)

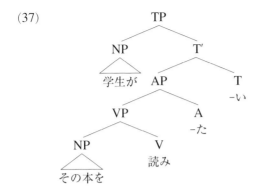

助動詞の「たい」は，それだけで自立しない拘束形態素ではあるが，「も」挿入に関しては，(29) の「美しい」のような通常の語彙的な形容詞と同じ振る舞いをするのである．「ない」と「たい」の事実は，助動詞が（主要部移動を受ける）機能語とは一対一の対応関係にないことを示している．

　「ない」と「たい」に関する事実は，日本語においては，膠着言語の特徴から，見た目では形容詞が機能語になっているどうかを判断できないことを示唆している．形容詞の活用をする語が語彙的な性質を持つかどうかは，例えば，「思う」のとる**小節**（**small clause**）の述語となれるかどうかを見ることで区別できる（Kishimoto (2007, 2008))．

(38) a.　彼はその料理をおいしく思った．
　　　b.　彼はその料理を食べたく思った．
　　　c.　*彼はその料理を食べなく思った．

「思う」は，いくつかのタイプの節をとることができるが，(38a) のように，述語の主語を対格で標示する埋め込み節をとると，埋め込み節の述語は形容詞（あるいは形容動詞）に限られるという**選択制限**（**selectional restriction**）が課される．助動詞の「たい」は，「思う」の小節に埋め込むことができるので，範疇としては形容詞と判断される．これに対して，「ない」は，「たい」と同じように形容詞の活用をするが，「思う」の小節には埋め込めない．このことは，「ない」が形容詞としての範疇的特性を持たず，主要部移

64

動を受ける機能語として働いていることを示している.[4]

通常の文中に現れる否定辞の「ない」は文を否定する機能語ではあるが,**イディオム (idiom)** の中に現れる「ない」には,「割り切れない」のように形容詞本来の範疇的特性を持っているものが見つかる.

(39) a. 彼にはそのことがまったく割り切れなかった.
 b. 彼にはそのことが割切れはしなかった.
 c. 彼はそのことを割り切れなく思った.

(39a) の「割り切れない」は,イディオムである.この表現に含まれる「ない」の右側に助詞が現れても,(39b) で示されているように適格な文になる.さらに,この表現は,(39c) のように,「思う」の小節に埋め込むことができる.(39b) と (39c) の分布は,「割り切れない」に含まれる「ない」が形容詞で,主要部移動を受けないことを示している.つまり,「割り切れない」の「ない」は,否定の働きはするが,範疇的には形容詞として機能しているのである.

本節で見た事実は,日本語の「ない」は,主要部移動の有無に関して,英語のアスペクト動詞の have と似た振る舞いをすることを示唆している.日本語と英語では,述語の範疇特性をなくし機能語となった要素が主要部移動を受けるからである.

(40) a. 日本語: 形容詞の範疇特性を失って機能形容詞となった否定の「ない」が主要部移動を受ける.
 b. 英語:動詞の範疇特性を失って機能動詞となったアスペクト動詞 have が主要部移動を受ける.

---

[4] その他,「〜しやすい」「〜しにくい」のような動詞を埋め込むことができる難易形容詞も「たい」と同様の振る舞いをすることは,(i) から確認できる.
　(i) a. その本は読みやすかった.
　　 b. その本は読みやすくはあった.
　　 c. 私はその本を読みやすく思った.
このことから,形容詞の活用をする否定辞の「ない」は,他の形容詞の活用をする従属要素とは異なることがわかる.

動詞に後続する（通常の）否定辞「ない」は，機能語として主要部移動を受けるために，右側に助詞の挿入を許さない．これに対して，動詞や形容詞は，語彙範疇に属し，主要部移動を起こさず，助詞の挿入を許すのである．

3.　多重主格構文

　日本語には，主格で標示される項が複数現れる**多重主格構文**（**multiple nominative construction**）と呼ばれる構文が存在する（Kuno（1973）などを参照）．（41a）はその代表例で，単文中に主格名詞句が 2 つ現れている．

(41) a.　象が鼻が長い．
　　　b.　象の鼻が長い．

形容詞述語の「長い」は項を 1 つ選択する．（41a）では，述語によって選択される主語は「鼻」である．「象」は主格の格標示が現れているが，「*象が長い」が意味的に逸脱することからわかるように，「象」は「長い」の選択する項ではない．（41a）「象」は，述語の意味上の主語の「鼻」と同じ主格で現れることから，**大主語**（**major subject**）と呼ばれ，（41a）は，**大主語構文**（**major subject construction**）と呼ばれる．

　（41a）は，（41b）と論理的に同じ意味を表す．（41b）の属格の「象が」は，「鼻」の所有者で，意味上の主語「鼻」の中に現れている．（41a）の「象」は，（42）で示されているように，**所有者上昇**（**possessor raising**）によって「鼻」の中から抜き出された後に TP に付加され，節の項となっているのである．

(42)

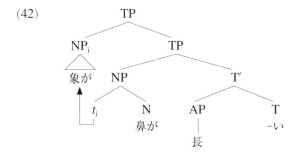

66

(41a) と (41b) は，論理的な意味が同じになるが，統語構造は異なる．このことは，(43) のような節の修飾語の分布から確認することができる.

(43) a.　象がとても鼻が長い.
　　　b.　*[象のとても鼻] が長い.

(43) の「とても」は副詞である．(43a) では，「象」の後ろに来る副詞「とても」が節の中に存在するため，「とても」が「長い」を修飾できる．これに対して，(43b) の「とても」は，「長い」を修飾できず，非文法的になる．(43b) では，「象」が「鼻」の中に含まれているため，「鼻」の後ろに「とても」が現れることができないのである.

　名詞を修飾する形容詞の分布を見ることでも，(41) の 2 つの文において「象」が異なる構造位置を占めていることを確認できる.

(44) a.　赤い象が鼻が長い.
　　　b.　赤い象の鼻が長い.

(44a) では，「赤い」が「象」を修飾する解釈しかない．しかし，(44b) は「赤い」が「象」を修飾する解釈と「象の鼻」全体を修飾する解釈がある．(44a) とは異なり，(44b) の「象」は，「鼻」の名詞句内に存在するので，名詞句の中で「赤い」が「象」を修飾することも「象の鼻」を修飾することもできるのである.

　(41a) の大主語が (42) で示されているように主語名詞句の中から取り出されることによって派生されることを示す証拠は**所有者尊敬語化**（**possessor honorification**）の事実から得ることができる (Harada (1976))．所有者敬語は，一般に**被所有者**（**possessee**）を表す名詞に「お」や「御」を付加することにより派生される.

(45) a.　太郎が山田先生のお車を運転した.
　　　b.　#山田先生が太郎のお車を運転した.

所有者敬語は，接辞が付加されている名詞句の所有者が敬意を表す価値のある人物と判断される場合に認可される．したがって，「車」の所有者が「山

田先生」である (45a) は容認されるが，「車」の所有者が「太郎」である
(45b) は容認されない.[5]

　一般に，所有者敬語は，被所有者名詞に接辞が付加され，その名詞句の中
にある所有者に敬意が向けられる．しかし，大主語構文においては，一見，
この一般化に反する所有者尊敬語化が可能となる.

(46) a.　山田先生のお口が重かった.
　　 b.　山田先生がお口が重かった.

(46a) の所有者敬語は，「口」の所有者の「山田先生」が名詞句の中に現れて
いるので適格である．(46b) の「山田先生」は，大主語であるが，所有者敬
語化が可能である．このことは，(42) で示されるように，大主語がもとは
名詞句の中にあって移動によって抜き出されているならば，自然な説明を与
えることができる．つまり，所有者敬語化は所有者名詞句が被所有名詞句内
にある時に認可される．そして，その後に，(42) のように，所有者名詞句
が所有者上昇によって名詞句から抜き出されるため，(46b) は適格な文であ
ると認定されるのである.

　状態述語でも，主語以外の項が主格の格標示を持つことがある．日本語に
おいて，特に，能力の意味を表す可能述語では，他動詞は，「ガ-ヲ」の**格パ
ターン** (**case pattern**) 以外に「ガ-ガ」あるいは「ニ-ガ」の格パターンをと
ることができる．例えば，「わかる」は，2 つの項をとる他動詞で，(47a-c)
の格パターンをとることができる.

(47) a.　太郎がその意味がわかる.　　（「ガ-ガ」）
　　 b.　太郎がその意味をわかる.　　（「ガ-ヲ」）
　　 c.　太郎にその意味がわかる.　　（「ニ-ガ」）
　　 d.　*太郎にその意味をわかる.　　（「ニ-ヲ」）

---

　[5] (45b) では，主語に対する所有者敬語は許容されないが，(i) の主語に対する主語敬語
化は可能である.
　　(i)　山田先生が太郎の車を運転していらっしゃる.
(45b) と (i) を比較すると，所有者敬語は，しばしば主語のテストとして言及される主語
尊敬語化とは異なる分布をすることがわかる.

68

日本語の文（定形節）には主格（ガ格）項が最低1つ必要であるという**主格保持の原則**が「わかる」のような他動的な状態述語を含む文には適用される（柴谷 (1978))．論理的には，(47d) の「ニ–ヲ」の格パターンが可能であってもよさそうであるが，この格パターンは，主格保持の原則により，実際には容認されない．

　状態述語の「わかる」は他動詞で項を2つとる．(47a-c) で現れている項は，格標示のパターンが異なるものの，「わかる」が選択する項である．したがって，(47a-c) と同じ意味を (48) の形式で表すことはできない．

(48) ＊太郎の英語がわかる．

これに対して，述語の意味上の主語に加えて，述語が選択しない大主語が現れる (41a) は，自動詞文である．したがって，(41a) の「象が鼻が長い」は (41b) のように「象の鼻が長い」という形式にしても適格になり，かつ2つの文の論理的な意味は同じになる．

　日本語には，**話題化（topicalization**）という操作がある．形態的には，話題化された要素には「は」が伴う．例えば，(41a) に現れる大主語に話題化の操作を適用すると，(49) の文が派生される．

(49)　象は鼻が長い．

大主語は，ガ格で標示されると，意味上の主語と同じように TP の投射内に現れるが，話題化されると，(50) のように，TP よりも上位の位置である CP に移動される．[6]

---

　[6] このタイプの移動は，非項移動（演算子移動）の一種である．話題化された要素は，CP に移動するが，これは大主語に限られるわけではない．「象の鼻が長い」の主語の「象の鼻」が話題化され，「象の鼻は長い」になると，主語が CP に現れる．

(50)

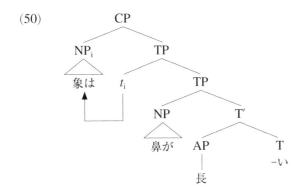

(41a) と (49) の大主語は，異なる構造位置を占めることになる．この構造位置の違いは，文末に現れる「だけ」の**焦点化 (focusing)** の可能性を見ることによって確認することができる (Kishimoto (2009))．

(51) a.　象が鼻が長い<u>だけ</u>だ.
　　　b.　象は鼻が長い<u>だけ</u>だ.

(51) の文は，いくつかの解釈が可能である．例えば，(51a) については「単に象が鼻が長いというだけだ」という解釈もあるが，「だけ」が「鼻」と関係づけられた「象については，鼻だけが長い」という解釈，および「だけ」が大主語の「象」と関係づけられた「象だけが鼻が長い」という解釈も可能である．これに対して，(51b) では，「だけ」が大主語の「象」に関係づけられた「象だけが鼻が長い」という解釈は存在しない．このことは，文末に現れる「だけ」は，TP 内部にある要素と関係づけられるが，それよりも高い位置にある要素とは関係づけられないことを示している．

(52)　[_CP 象は [_TP 象が …] だけ]
　　　　　　　焦点化領域

大主語は，ガ格標示を持つ場合には，TP に付加されるので，「だけ」との関係づけが可能である．しかし，大主語は，話題化されると CP に現れるので，「だけ」の関係づけができないのである．(51a) と (51b) の大主語は，

70

表面上はガ格で標示されるか「は」で標示されるかという形態的な違いしかないが，この2つの大主語の占める構造位置は異なるのである．

日本語では，所有者上昇は，大主語構文以外にも，様々な構文で観察される．(53) は，大主語構文に見られたのとは異なるタイプの所有者上昇が関わる．

(53) a.　太郎が自分の息子の厄介になっている．
　　　b.　太郎が自分の息子に厄介になっている．

(53a) の「自分の息子」は「厄介」の中に現れているが，(53b) では，与格で標示され「厄介」の外側に現れている．(53a) と (53b) は，(54) のように，与格項に対する所有者敬語化が可能である．

(54) a.　太郎が山田先生の御厄介になっている．
　　　b.　太郎が山田先生に御厄介になっている．

(54) の所有者敬語化の事実から，(53b) の与格項「自分の息子」は，「厄介」が選択する所有者で，所有者上昇によって被所有者項から抜き出されて，節の項として機能していることがわかる．

名詞句からの項上昇は，所有者項に限られるわけではなく，他のタイプの項が上昇する場合もある．

(55) a.　社員が東京への商品の出荷を始めた．
　　　b.　社員が東京へ商品の出荷を始めた．
　　　c. *社員が商品の出荷を東京へ始めた．

(55a) では着点の「東京への」が名詞句の「商品の出荷」の中に現れているが，(55b) では「東京へ」が「商品の出荷」の外側に現れている．「始める」は「へ」で標示される項を選択しないので，(55b) の「東京へ」は，(56a) で示されているように，「商品の出荷」から項の抜き出しが起こり，節の項となっているのである．

(56) a.

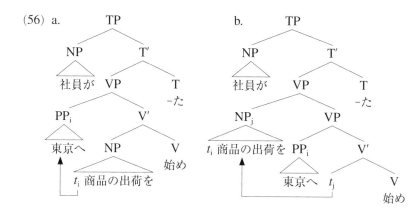

「商品の出荷」から抜き出された項の「東京へ」は，(55c) のように，「商品の出荷」の右側に置かれると容認されなくなる．その移動を制限する制約は，移動で残された痕跡は先行詞によって c-統御されなければならないという**適正束縛条件 (proper binding condition)** である (Fiengo (1977))．(55c) は，(56b) からわかるように，「東京へ」が「(商品の) 出荷」の中に現れる痕跡 t_i を c-統御できないために，非文となるのである．

　次に，「東京へ」は「の」を伴うと，「出荷」の中に現れる．この場合，(57a) と (57b) に示されているように，「東京へ」は同じ名詞句に含まれる「商品」と語順を入れ換えてもよい．

(57) a.　社員は東京への商品の出荷を始めた．

　　　b.　社員は商品の東京への出荷を始めた．

　　　c. *社員は [商品の東京へ出荷を] 始めた．

一方で，(57c) のように「商品の」を（属格を伴わない）「東京へ」の前に移動すると，非文法的になる．これは，「東京へ」が本来現れることができない名詞句内に現れていると判断されるからである．

　日本語では名詞の中に現れる項には「の」が後続する．また，後置詞句が名詞句の中に現れても「の」が後続する．英語の場合には，前置詞句は名詞句の中に現れても文中に現れても同じ形になる．したがって，(58) の from 前置詞句には 2 つの解釈が可能である．

72

(58) a.　I got a letter from the USA.

　　 b.　アメリカから手紙をもらった．

　　 c.　アメリカからの手紙をもらった．

(58a) の 1 つの解釈は，(58b) にあるような「アメリカから手紙をもらった」というもので，この場合には，from the USA は，get がとる前置詞句となる．もう 1 つの解釈は，(58c) にあるような「アメリカからの手紙をもらった」というものである．日本語では 2 つの解釈は，「の」を伴うかどうかで区別され，解釈に曖昧性はない．日本語では，属格（ノ格）の標示の有無によって項が名詞句内にあるかどうかが指定されるからである．

4.　名詞編入：軽動詞構文

本節では，日本語の**軽動詞構文**（**light verb construction**）の特徴について考察する．ここで言う軽動詞構文とは意味の軽い動詞である**軽動詞**（**light verb**）が出来事を表す名詞と組み合わさって一種の複雑述語を作り出す構文を指す（影山 (1993)，岸本 (2019a, 2019b) などを参照）．本節では，(59) のような構文を扱う．

(59) a.　あの人が勉強をした．

　　 b.　あの人が勉強した．

日本語の (59) の構文は，しばしば英語の (60) の構文に相当するとみなされる．

(60) a.　John had a look at it.

　　 b.　Mary gave him a kiss.

　　 c.　They took a rest.

(60) の構文では，have や give や take が意味の軽い**軽動詞**（**light verb**）として現れ，目的語の名詞が実質的な行為や出来事を表す．(60) の「動詞＋（直接）目的語」の部分は，(61) のように，目的語名詞と派生関係を持つ

動詞で置き換えても実質的に同じ意味を表すことができる.

(61) a. John looked at it.

　　 b. Mary kissed him.

　　 c. They rested.

日本語の軽動詞構文も英語の軽動詞構文と似た統語的な特徴がある. 例え
ば,（59）の軽動詞構文の動詞は「する」であるが, 具体的な行為の意味を
表すのは「勉強」である.「勉強」は, 存在物の名前を表す名詞とは異なり,
出来事や行為を表す.「勉強」のような名詞は, 動詞的な特徴と名詞的な特
徴の両方を持っているので, しばしば, **動詞的名詞** (verbal noun)（あるい
は**動名詞**) と呼ばれる.

　（59a）と（59b）は同じ意味を表すが, 述語の形態が異なる.（59a）は,
動詞的名詞の「勉強」が「する」の目的語となって,「勉強」と「する」は独
立している. しかし,（59b）では,「勉強」が「する」の内部に含まれてい
る.（59b）では, 動詞的名詞の「勉強」が（62）のように**編入** (incorpora-
tion) の操作を受けることによって複雑述語の「勉強する」が形成されてい
る.

(62)

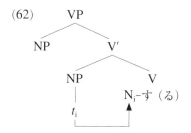

動詞的名詞の動詞への編入で観察される移動は, **主要部移動** (head move-
ment) の一種である.（62）のように, 名詞を動詞に編入する操作は, **名詞
編入** (noun incorporation) と呼ばれる (Baker (1988)).

　ここで,（59）の軽動詞構文の派生をより具体的に考えてみる. 本論では,
（59）の軽動詞構文では,「する」が行為を表し, 動詞的名詞がその具体的な
行為（出来事）を名付けると考える. この考え方では, 軽動詞の「する」は

＜動作主，主題＞の項構造を持ち，(59) の軽動詞構文は，「する」が動作主と動詞的名詞をそれぞれ主語と目的語にとる他動詞構文である．通常の動詞と軽動詞構文が区別される特徴としては，軽動詞構文では目的語が動詞「する」に編入し「動詞的名詞＋する」という形式の**複合述語**（**compound predicate**）を形成できることがあげられる．

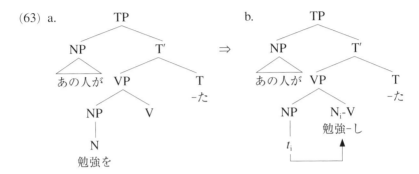

(63) a. (TP ...) ⇒ b. (TP ...)

軽動詞構文に関与する主要部移動は，句の要素が移動する統語操作とは区別され，（**主要部移動制約**（**head movement constraint**）の 1 つである）**句排除の制約**（**No Phrase Constraint**）がかかる（Botha (1984)）．主要部移動は，**主要部**（**head**）のみが移動し，**句**（**phrase**）の要素の移動が起こらない．そのため，動詞的名詞が項や修飾要素を含むことによって句に拡張している場合には，複雑述語の形式を派生することができない．

(64) a.　あの人は数学の勉強をした．
　　 b. *あの人は [数学の勉強] した．

(64a) では，「数学の勉強」が「する」の目的語となっているので問題なく容認される．しかし，「勉強」に「数学の」が含まれている (64b) の「*数学の勉強する」の形式は容認されない．(64b) では，「勉強」を「する」に編入しようとしても，「勉強」が句に拡張しているために，編入ができず非文法的になるのである．

　2 節で見た否定辞の主要部移動は，定形節では（基本的に）義務的であるが，動詞的名詞の主要部移動は必ずしも起動されるとは限らない．特に，動

詞的名詞が「する」に隣接しない場合には，名詞編入をしない選択肢が存在する．例えば，動詞的名詞に「も」が付いた場合，(65a) の形式とともに (65b) の形式も適格である．

(65) a.　あの人は数学の勉強もした．
　　 b.　あの人は勉強もした．

動詞的名詞「勉強」に「数学」が含まれると，名詞編入を起こす選択肢はないが，(65a) は，「する」の目的語になっているため容認される．(65b) の「勉強」は句に拡張していないので，名詞編入が起こってもよいはずであるが，「勉強」の右側に「も」が現れていることから，「勉強」と「する」は複合述語を形成していないことがわかる (2.2 節参照)．(65a) と (65b) は，ともに主要部移動を起こさない派生が選択されて，適格な文となっている．

　日本語において，名詞編入は「する」の軽動詞構文以外でも起こりうる．例えば，(66) のような構文においても名詞編入が起こる．

(66) a.　あの人の運転は危なげがない．
　　 b.　あの人の運転は危なげない．

(66a) の「危なげ」は，ガ格標示が伴っていることからわかるように，独立の項として機能している．これに対して，(66b) の「危なげ」は「ない」に編入されて，複雑述語を形成している．このことは，「まったく」のような副詞が「危なげ」と「ない」に挟むことができないことから確認できる．

(67) a.　あの人の運転は危なげが<u>まったく</u>ない．
　　 b.　*あの人の運転は危なげ<u>まったく</u>ない．

(67a) については，「まったく」が「危なげ (が)」と「ない」の間に挟まっても問題ないが，(67b) では，「危なげ」と「ない」が一語の複雑述語を形成しているので，副詞を「危なげ」と「ない」の間に挿入できない．

　軽動詞構文では，動詞的名詞の編入の他に，動詞的名詞からの項の**抜き出し**(**extraction**) が起こることがある．動詞的名詞からの項の抜き出しは，軽動詞「する」が選択できない項が現れる時に起こると考えられる．

76

(68) a. 主催者が観客に伝言（を）した.
　　 b. 警官が泥棒に変装（を）した.

軽動詞構文の「する」は、＜動作主、主題＞の項構造を持つが、場合によって、**着点**（**goal**）や**起点**（**source**）をとり、＜動作主、着点（または起点）、主題＞の項構造を持つことがある．(68a) の与格項は、「伝言」が到達する着点と考えられるので、「する」のとる項である．すなわち、(68a) の「する」は、＜動作主、着点、主題＞の項構造を持ち、項はすべて「する」によって選択されているため、(69a) のような構造を持つ.

(69) a.

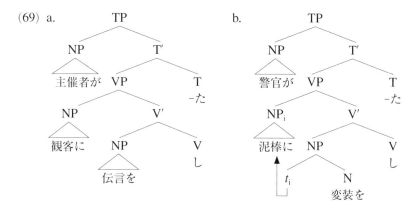

これに対して、(68b) の与格項「泥棒」は、警官が変装した結果を表す**結果項**（**result argument**）なので、「する」のとる項ではない．(68b) の場合、「する」は＜動作主、主題＞の項構造を持つ．(68b) の「泥棒」は、(69b) に示されているように、最初は動詞的名詞の「変装」に含まれるが、「変装」から抜き出されて節の項となっている.

　(68) の2つの文に現れる与格項の派生の違いは、いくつかの方法で検証することができる（岸本 (2019a, 2019b) 参照）．ここでは、**スクランブリング**（**scrambling**）の操作を用いて、違いを検証することにする.

(70) a.　伝言を主催者が観客にした.

　　　 b. *変装を警官が泥棒にした.

(70a) と (70b) の文法性の違いは，適正束縛条件の違反が起こるか起こらないかによる．この 2 つの文は，(71) で示されているような派生が起こるからである．

(71) a.

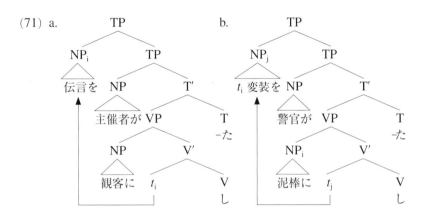

(71a) では，動詞的名詞「伝言」からの項の抜き出しが起こっていない．このため，「伝言」をスクランブリングの操作で文頭に移動させても，適正束縛条件の違反は起こらない．そのため，(70a) は適格である．しかし，(71b) のように，動詞的名詞の「変装」が「泥棒」を越えて上位の位置に移動する（線的には「変装」が「泥棒」よりも左側に出る）と容認されない．これは，「泥棒」が「変装」から抜き出されて節の項になっているからである．このような構造を持つ場合，「泥棒」がスクランブリングの操作で文頭に移動されると，「泥棒」は「変装」の中に含まれている痕跡を c-統御できない．そのため，適正束縛条件の違反が起こり，(70b) は非文法的になるのである．

　適正束縛条件は，抜き出された要素と後に残される痕跡との構造関係に関わる制約である．したがって，「泥棒に」が「変装」を c-統御する関係が保たれている限りにおいて，主語の「警官」の左側に動詞的名詞の「変装」を移動しても，(72) で示されているように，適正束縛条件の効果が現れない．

78

(72)　　泥棒に変装を警官がした.

(72) が適格な文であることは，主語の「警官」が「変装」に選択される項で
はなく，「する」が選択する項であることを示している.
　(70a) に関しては，主語の「主催者」も与格項の「観客」もともに「する」
の選択する項なので，(73) で示されるように，どちらの項も動詞的名詞の
右側に現れてよい.

(73) a.　伝言は主催者が観客にした.
　　　b.　伝言は観客に主催者がした.

(73) の動詞的名詞の「伝言」には，主語（動作主）と与格項（着点）のどち
らの項の痕跡も含まれていない. そのため，(73) の 2 つの例は，適正束縛
条件の違反が起こらず，どちらも適格な文になるのである.
　次に，文中に項が 3 つ現れる (74) のタイプの軽動詞構文の派生について
考えてみる.

(74) a.　政男が部屋を掃除した.
　　　b.　政男が [部屋の掃除] をした.

(74a) では，目的語として現れることができる動詞的名詞「掃除」の他に対
格で標示される項が現れている. 先にも見たように，「する」は，＜動作主，
主題＞あるいは＜動作主，着点，主題＞の項構造を持つことができる.
(74a) は (74b) の形式も可能なので，「部屋」は，「掃除」によって選択され
る項であり，(75) で示されるように，「部屋」は「掃除」から抜き出されて
節の項になったと考えることができる.

(75)

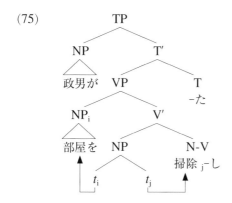

(74a) の「部屋」は，対格で標示されているので，「する」によって選択される主題項のように見える．しかし，軽動詞構文においては，「する」のとる主題の意味役割は動詞的名詞に与えられるので，「する」から「部屋」に対してさらに主題役割を与えることはない．そのため，(74a) では，「部屋」が動詞的名詞「掃除」から主題の意味役割を与えられ，その後に抜き出され，節の項になっていることがわかる．(74a) では，動詞的名詞が「する」に編入されている．[7] 動詞的名詞が「する」に編入されていない (76) は，容認されない．

(76) *政男は部屋を掃除をした．

日本語には，ヲ格項を同一節に複数表出することを禁止する**二重ヲ格制約** (**double-*o* constraint**) がある (Harada (1973))．(76) は，この制約に違反しているために，非文法的になる．この制約の違反を回避するためには，「掃除」を「する」に編入して，(74a) のような形式を作らなければならないのである．ただし，「も」のような助詞を伴わせてヲ格を標示しない形にすれば必ずしも編入を起こす必要はない．[8]

---

[7] (74a) では，(75) に示されているように，「部屋」が「掃除」から抜き出されているので，「掃除」は，句排除の制約に抵触せず，「する」に編入することができる．

[8] 二重ヲ格の制約は，表面上ヲ格で標示される名詞句が複数現れてはいけないとする表層二重ヲ格制約と，表面上の標示とはかかわりなくヲ格名詞句が節に複数存在してはならないとする深層二重ヲ格制約がある．軽動詞構文で適用されるのは，表層二重ヲ格制約で

(77) a.　政男も部屋を掃除はした.

　　　 b. *政男も掃除は部屋をした.

(77a) では,「する」と「掃除」が複合述語として一体化していないが, 容認される形式である.「部屋」が「掃除」から上昇して節の項になっていることは,「掃除」が「部屋」よりも構造的に上の位置に移動させた (77b) が容認されないことからわかる. (74a) では, 動詞的名詞「掃除」のとる主題項「部屋」が項上昇によって抜き出されているため, (74a) と (74b) は論理的に同じ意味を表す.

5.　埋め込み構造：複合動詞構文

　日本語では, 1 つの節の中に複数の動詞が含まれているように見える**複合動詞 (compound verb)** が形成されることが観察されている (影山 (1993) などを参照). (78) の 2 つの文が典型的な複合動詞構文である.

(78) a.　太郎が本を読みかけた.

　　　 b.　太郎が本を読み直す.

(78) の複合動詞構文において, 動詞の連鎖は形態的には 1 つになっているが, 統語的には別々の動詞として機能している. このような複合動詞は, **統語的複合動詞 (syntactic compound verb)** と呼ばれる. (78) の複合動詞が統語的に複雑な構造を持っていることは, 複合動詞の中に含まれる動詞に**「そうする」の置き換え (*soo suru* replacement)** が適用できるかどうかで確認できる.

(79) a.　大人が走りかけたら, 子供もそうしかけた.

　　　 b.　大人が鍵をかけ直したら, 子供もそうし直した.

(79) の「そうする」は**前項動詞 (V1)** を置き換えているが, **後項動詞 (V2)**

ある (岸本 (2019b)).

は置き換えられていない．(79) の置き換えでは複合動詞の一部が置き換えられているので，複合動詞の前項動詞 (V1) と後項動詞 (V2) は統語的には独立した要素となっていることがわかる．すべての複合動詞がこのような分析的な構造を持つわけではなく，「そうする」の置き換えができない複合動詞も存在する．

(80) a.　政男が友人と話し込んだ．
　　　b.＊大人が友人と話し込んだら，子供もそうし込んだ．

(80a) の「話し込む」は，動詞が 2 つ並んではいるものの，統語的には 1 つの動詞として機能している．そのため，「そうする」による複合動詞の一部の置き換えができない．このような統語的に分析できる構造を持たない複合動詞は，**語彙的複合動詞** (lexical compound verb) と呼ばれる．

　統語的複合動詞では，後項動詞 (V2) から投射した動詞句の下に前項動詞 (V1) から投射した動詞句が埋め込まれている構造を持っている．しかし，統語的複合動詞がすべて同一クラスに入るわけではなく，その振る舞いの違いからさらなる下位分類ができる (岸本 (2008))．まず，V2 の違いにより，(81) のような文法性の対比が生じる．

(81) a.　雨が降りかけた．
　　　b.＊雨が降り直した．

(81) の文法性の違いは V2 の性質に由来する．上昇構文の上昇動詞「かける」は，「開始」の**アスペクト** (aspect) の意味を表し，もともと主語を選択しない動詞である．したがって，上昇構文の主語は，V1 の選択制限が満たされる限りにおいて，どのような主語が現れてもよい．そのため，無生物主語を持つ (81a) は適格となる．これに対して，「直す」は動作の反復の意味を表し，(意図的な行為が行える) 動作主を主語に選択する．このタイプの構文の主語は，V1 と V2 の両方の選択制限を満たさなければならない．「直す」の選択制限により，(81b) のような無生物の主語は許されない．

　(78a) の後項動詞「かける」は項を選択せず，主語は前項動詞 V1 に選択される項なので，(78a) は，(82) のような構造を持っていると仮定できる．

(82)

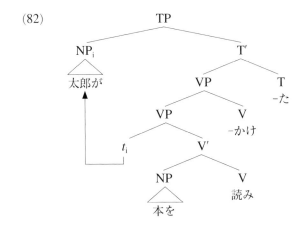

「かける」の複合動詞構文では，埋め込みの動詞句内にある文の意味上の主語が主節の主語位置へ移動する．このタイプの複合動詞構文は，上昇構文（**raising construction**）と呼ばれ，「かける」のような動詞は**上昇動詞**（**raising verb**）と呼ばれる）．

　次に，(78b) の「読む」と「直す」は，ともに主語を選択する動詞である．V1 の主語は，文の主語位置に移動する．これに対して，V2 が選択する埋め込み主語は少なくとも表面上は現れないので，(83) のように（PRO と表記される）発音されない代名詞の主語が現れていると仮定される．

(83)

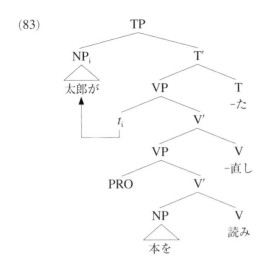

（78b）の埋め込み節の主語は，常に主節の主語と同じ人物を指すと解釈される．これは，目に見えない代名詞（PRO（＝PROnominal））が主節の主語にコントロールされるということである．このタイプの複合動詞の V2 は**コントロール動詞**（**control verb**）と呼ばれ，コントロール動詞が含まれる構文は**コントロール構文**（**control construction**）と呼ばれる．

　上昇構文とコントロール構文の違いは，文全体の意味が部分の意味から全体の意味が決まらない非構成的な意味を持つ**文イディオム**（**clausal idiom**）が埋め込めるかどうかを見ることによっても確認することができる．

　（84）a.　この店で閑古鳥が鳴きかけた．（イディオムの解釈あり）
　　　　b. #この店で閑古鳥が鳴き直した．（イディオムの解釈なし）

（84a）では，「お客さんが来なくなった」というイディオムの解釈が可能であるが，（84b）では，イディオムの解釈はなく，「閑古鳥（＝カッコウ）が鳴く」という文字通りの解釈しかできない．イディオムを含む（83a）と（83b）の解釈の可能性に違いが出るのは，イディオムの解釈に必要な要素が隣接した位置に現れなければならないとする**隣接性の条件**（**adjacency condition**）が満たされるかどうかによる．

(85) a.　[_{TP} 閑古鳥が_i [_{VP} [_{VP} t_i 鳴き] かけ] た]

　　 b.　[_{TP} 閑古鳥が_i [_{VP} t_i [_{VP} PRO 鳴き] 直し] た]

(84a) の「かける」の上昇構文では (85a) で示されているように，文イディオムの構成要素である「閑古鳥」と「鳴く」が派生の最初の段階で埋め込み節において隣接するため，イディオムの解釈が可能である．これに対して，(84b) の「直す」のコントロール構文では，「直す」が主語を選択し，(85b) で示されるように，埋め込み節の中には PRO が存在するため，「閑古鳥」と「鳴く」の間でイディオムの解釈に必要な隣接性の条件が満たされることはない．そのため，(84b) ではイディオムの解釈が得られないのである．

　次に，他動詞を前項動詞 V1 にとる複合動詞構文では，後項動詞 V2 を受身化できる場合とできない場合がある．

(86) a.　先生がその論文を書き直した．

　　 b.　その論文が（先生によって）書き直された．　　（コントロール）

(87) a.　先生がその論文を書き終わった．

　　 b.　*その論文が（先生に）書き終わられた．　　（コントロール）

(88) a.　先生がこの論文を書きかけた．

　　 b.　*この論文が（先生に）書きかけられた．　　（上昇）

コントロール構文では，(86b) のように，後項動詞の受身化が可能なものと，(87b) のように，後項動詞の受身化が不可能なものに分かれる．（受身化できる V2 には「直す」「終える」「尽くす」などがあり，受身化ができない V2 には「終わる」「そこなう」「損ねる」などがある．）「かける」の上昇構文は，(88b) に示されているように，後項動詞に受身化をかけることができない．

　受身化は，動詞がとる主語を付加詞に変えて，目的語を新たな主語にする統語操作である．受身化が起こると，動詞は，目的語の対格 (accusative Case) の認可ができなくなり，その代わりに，T が目的語に対して主格 (nominative Case) の認可をする．そして，T の EPP の要請により，受身の主語は，文の主語位置に移動する．コントロール構文の後項動詞 V2 につ

いては，受身化の可能性について差が出ることから，目的語に対して対格を
認可できるタイプ（他動詞タイプ）と対格を認可できないタイプ（自動詞タ
イプ）があると考えられる（Shibatani (1973)，岸本 (2008)）.

　この見方では，(86b) と (87b) で示されている受身化の可能性の違いは，
以下のように説明できる．まず，(86a) のような他動詞タイプのコントロー
ル構文では，後項動詞が対格（accusative Case）を認可することができる.
前項動詞（本動詞）は，対格を認可しない．(86a) の能動文では，(89a) の
ように，「直す」のとる主語の主格が，時制によって認可され，T の EPP の
要請により主節の TP の指定部に移動する．そして，目的語の対格は，後項
動詞から認可を受ける．（ここでは PRO は内在格（inherent Case）を持っ
ており外部から格の認可を受けないと考える）.

(89) a.

　　 b.

(86b) のように後項動詞が受身化されると，後部動詞がとる主語は付加詞に
降格される（あるいは省略される）．さらに，受身化により後項動詞が目的
語の対格を認可できなくなる．そのため，時制要素が目的語の格を認可し，
目的語は主格で現れ，受身の主語になる．受身の主語が，(89b) のように，
T の EPP の要請により主節の主語位置（主節 TP の指定部）に移動すると
受動文が成立する．

　(87a) では，(90a) のように，前項動詞が目的語の対格を認可し，時制が
主語の主格を認可する．主語は，T の EPP の要請によって文の主語位置
（主節 TP の指定部）に移動する．

(90) a.

　　 b.

(87a) のような自動詞タイプのコントロール構文の後項動詞は，対格を認可

する能力がもともと備わっていないので，(90b) のように受身化することはできない．そのため，(87b) の受動文は非文法的になる．

(88a) の上昇構文の場合は，後項動詞が単にアスペクトの意味を表すだけで，主語を選択せず，対格を認可することもできない．したがって，(88a) の能動文は，(91a) のように，前項動詞が目的語の対格を認可し，時制が主語の主格を認可する．主格を認可された主語は，EPP の要請により，(91a) で示されているように，文の主語位置（主節 TP の指定部）に移動する．

(91) a. [$_{TP}$ 先生が$_i$ [$_{VP}$ [$_{VP}$ t_i その論文を 書き $_{[ACC]}$] かけ] た $_{[NOM]}$]

   b. *[$_{TP}$ [$_{VP}$ [$_{VP}$ その論文が 書き $_{[ACC]}$] かけられ] た $_{[NOM]}$]

前項動詞（上昇動詞）は，対格を認可することができないため，(91b) のように受身化することができない．したがって，(88b) は非文法的になる．

(86a)，(87a)，(88a) については，後項動詞（V2）のとる動詞句内に埋め込まれている前項動詞（V1）が目的語をとっている．この目的語の意味役割は前項動詞（V1）が与える．しかし，(92) から，受身化の可能な (86a) においては，後項動詞「直す」が目的語の対格の認可に関与していることがわかる．

(92) a.　政男がこのハイキングコースを歩き直した．

   b.　このハイキングコースが（政男によって）歩き直された．

   c. *このハイキングコースが歩かれた．

(92a) のコントロール構文は，(92b) に示されているように，V2 の受身化が可能である．そして，「歩く」が単独で現れる (92c) では，「歩く」の受身化ができない．このことから，(92a) の「ハイキングコース」に対しては，「歩く」ではなく「直す」が対格の認可を行っていると考えることができる．

6.　まとめ

　本章では，特に文中での語の組み合わせと語の形態の相互関係に注目し，日本語と英語の統語構造について考察した．2 節では，日英語の単文の構造は基本的に同じであるが，語の形態的な特徴の違いにより異なる表層の構造が作りだされることを見た．英語の場合には，時制要素が拘束形態素になるが，その他の要素については独立の語として機能する．日本語では，本動詞の後に接続する述語要素は，時制要素を含めほとんどが拘束形態素である．3 節では，（意味上の主語以外に）大主語と呼ばれる項をとる日本語の大主語構文では，大主語は所有者上昇によって節の項として現れることを見た．4 節では，「動詞的名詞 + する」の形式をとる軽動詞構文において，「する」が選択しない項が現れる場合には，動詞的名詞の内部に現れる項が抜き出されて節の項になること，および，動詞的名詞が「する」と複合される形式は，動詞的名詞の「する」への名詞編入により形成されることを見た．5 節では，複合動詞構文に現れる埋め込み構造について考察し，統語的複合動詞には上昇とコントロールの区別があること，および複合動詞構文には後項動詞の受身化が可能なものとそうでないものがあることを見た．

第 3 章

統語論と意味論のインターフェイス

毛利史生（福岡大学）

　現代の言語理論の潮流をなす生成統語理論では，統語部門の自律性が大前提となっており，その自立した体系が統語表示という理論的構成物を生成する．その後，統語表示に対して意味解釈を与えるのが意味部門ということになる．この考えは，基本，Chomsky（1965）の標準理論以来，現行のミニマリスト理論まで堅持されている．現在，意味を取り扱う意味部門は，論理形式（Logical Form, LF）と呼ばれ，統語部門からの構成物の入力に基づいて意味論への対応物を提示する．生成統語理論に立脚した形式と意味の関係は，いかのように簡潔にまとめることができる．

(1)　生成統語論と意味論のインターフェイス関係における意味とは，統語部門から写像された統語的構成物の論理形式における対応物である．

論理表示に写像された統語構成物を的確に処理するために，意味部門での理論装置が必要となる．これに大きく寄与しているのが Montague（1974）に端を発する形式意味論である．

1.　形式意味論

　現代のミニマリスト理論では，統語構成物は併合（merge）という操作を

介してボトムアップ形式で生成される．形式意味論では，統語部門での派生
（併合や移動）に対して，意味的な手続きを取る．その前提として，「構成性
（compositionality）」という原理で意味を考えていく．

(2)　構成性原理
　　　文の意味はその構成要素の「部分」と一定の合成手続きに従って得
　　　られる．

「部分」というのは，文を構成する語や句のことであるが，部分を合成する
ことで文の意味が導出されるわけである．ただ，部分を合成する際の仕方，
すなわち「手続き」が重要になる．意味計算とも言えるこの手続きは，複雑
な概念が基にある（例えば，λ（ラムダ）演算子やタイプ理論など）．形式意
味論の意味計算に関して，Heim and Kratzer（1998）では，以下の4つの
意味計算規則があげられている．

(3)　意味計算規則
　　a.　関数適用規則（Functional Application Rule）
　　b.　述語修飾規則（Predicate Modification Rule）
　　c.　痕跡と代名詞規則（Traces & Pronouns Rule）
　　d.　述語抽出規則（Predicate Abstraction Rule）

これらの規則を理解するのに多少の時間と労力を要するため，本論では，そ
の詳細には立ち寄らない．詳細を学びたい方は，簡潔明瞭に説明している田
中（2016）を参照していただきたい．ただ，本章で度々言及するタイプとλ
の概念に関しては，次節で少し触れていく．

1.1.　タイプ理論

　統語論では，語彙は動詞，名詞，副詞と言った具合に品詞でカテゴリー化
されているが，意味論のタイプ理論では，語彙や語句が世界の実在物にどう
対応しているかで捉えている．タイプ理論の基本は，個体を指すeと文（真
理値）を指すtタイプが世の中に存在し，それ以外は2つの組み合わせによ
るものとらえる．この世で唯一な対象物である固有名詞はタイプeで，普

通名詞は，「個体を取って真理値を返す」<e,t> となる．< > は順序関係のあ
る集合を指し，<e,t> は左側の e を入力とし，t タイプのものを出力とする
関数としてとらえる．ほかにも，自動詞，形容詞も <e,t> として分類され
る．二項述語である他動詞はどうなるかというと，個体を取って個体述語を
返す <e,<e,t> タイプとなる．Mary likes Bill で考えてみると，文，及び文
を構成する部分は，以下のようにタイプ分類される．

(4)

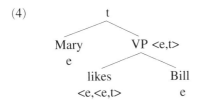

ミニマリスト統語論では，併合という操作がボトムアップ形式で二つの要素
を結合していくが，意味論でも並行して語句のタイプ計算がなされる．統語
派生において，他動詞 like は最初に内項 Bill と併合し，VP を投射する．
一方のタイプ計算でも，like は個体タイプ e の Bill を取りタイプ <e,t> を
返す．さらに，外項の Mary を取り，真理値 t を返すということになる（こ
こでは，時制や機能範疇 vP は無視する）．

　ここまでは，個体と真理値のみが世界に存在するという存在論モデルを前
提にした話であるが，近年は Davidson（1967）の事象（event），さらには
状況（situation）を含めるタイプの計算が主流になっている．また，2000 年
ころから Kennedy（1999）を始め，この分野で段階的形容詞（gradable ad-
jective）や比較級構文の分析が盛んになると，「程度（degree）」を存在論的
に認める分析や，副詞の分析では「態度（manner）」をタイプに含める分析
も出てきた．ただ，程度や態度の本質を見極めるのは困難であり，例えば，
程度であれば，その本質を追跡する研究はここまで多く発表されている．近
年では，Anderson and Morzycki（2015）が Chierchia（1998）の分析を応
用しつつ，程度を「状態種」と見なす分析を展開している．この点に関して
は 4 節でも取り上げていく．

1.2. λ演算子

　自動詞 run は項を 1 つ取り真理値を返す述語タイプである．以下の論理式では，一項述語の run の項が x であることが表示されている．

　　(5)　run（x）

通常，アルファベットの x や y で表示される項は，変項（variable）として扱われ，その値が定まっていない．ただ言語学で注意しなければならないのは，(5) の論理式は「x は走る」という真偽を持つ論理式となる（この場合，x は自由変項として値がコンテキストから指定されているものとする）．x が変項であることを示すのがラムダ演算子（λ）である．

　　(6)　λx.run（x）

(5) が真偽を持つ命題タイプであるのに対し，(6) は述語タイプとなる．つまり，個体 x を取って真理値を返す述語タイプを指す．また，like のような二項述語は，λ演算子を用いて以下の論理式で定義される．

　　(7)　λyλx.like（x, y）

この λy と λx の順番は項が入力される順を反映しており，y が内項，x が外項ということになる．統語構造の派生でも，動詞は内項と最初に併合するように，(7) の論理式においても最初に飽和されるのは y である．

　次節以降，具体的な研究対象として，名詞，動詞，形容詞，およびそれらに付随する関連現象を取り上げていく．言語間の違いが，統語部門のパラメータ設定の違いによるのか，また統語部門の機能範疇の特性の違いによるものか，さらには意味論で異なる計算規則が働いているのかなど，統語論と意味論の知見（もちろん，語用論的知見も含めて）をもって分析する必要がある．

2.　名詞句のインターフェイス

　日本語の名詞は，基本，（冠詞を伴わない）裸名詞として項位置に出現す

ることができるが，冠詞を有するヨーロッパ言語は，裸名詞の出現に制約が
課される．名詞のもつ「項性」と「述語性」の関係は NP の拡大投射である
機能範疇（DP や NumP）と対応させるべきか，それとも統語論と意味論の
インターフェイス領域で処理される関係なのか，長きにわたって議論されて
いる．ここでは，名詞が有す「項性」，「述語性」の特性を含め，名詞句とそ
の関連事象を取り上げていく．

2.1.　DP 分析

　統語論と意味論の厳密な対応関係を仮定すれば，述語タイプ（タイプ理論
では <e,t>）の個体名詞句は，従来の NP として定義され，そのままでは項
位置には出現できない．一方，個体タイプ（タイプ理論では e タイプ）の名
詞句は，DP として投射される（Abney (1987)）．英語では，以下のように定
冠詞 the が DP 主要部に投射される．

(8)　a.　[$_{NP}$ dog$_N$]
　　　b.　[$_{DP}$ the [$_{NP}$ dog]

日本語のように冠詞をもたない言語もあるが，機能範疇は統語上のパラメー
タを担うものとして位置づけられているので，冠詞の有無に関係なく言語間
変異を D の性質に帰することは統語論の主要な分析と言えよう．つまり
NP は量化における変項となる個体集合を提供したり，叙述関係における述
語の役割を担う．その一方で，D に位置づけられる限定詞は，個体集合を
指す NP に作用し，量化・限定を行うわけである．いわゆる，この DP 仮
説の下では，項タイプの裸名詞（日本語の裸名詞や英語の物質名詞や複数名
詞）は，常に機能範疇 DP を投射することになる（Longobardi (1994), Sz-
abolcsi (1994), Giusti (1997) 等）．DP 分析を支持する 1 つの事例として，名
詞が DP 内で主要部移動を起こした際の移動先を確保できる点をあげるこ
とができる．

(9) a. *Bambini sono venutti da noi.

      Children AUX come by us

      'Kids came by us.'

  b. Ho preso biscotti con il mio latte

     had taken cookies with the my milk

     '(I) had cookies with my milk.'

GB 理論の時から，文に空所が生じる際は，空要素は何かしらの認可が必要であるとされてきた．Longobardi（1994）によると，目的語 DP 内の空決定辞は動詞により適正統率されることで認可されるが，主語位置の空決定辞は，統率するものがなく非認可となる．一方英語では，裸名詞は義務的に主要部移動を行うため，空決定辞の認可は必要ない．この認可の有無が (9) の文法性の差につながるわけである．

(10) a.　English bare arguments　　b.　Italian bare arguments

一方，項タイプであっても，名辞の項性を主要部 D と関係づけない立場（Chierchia（1998, 2010），Dayal（2004），Bošković（2008）等）もあり，統語論・意味論インターフェイス研究に大きな影響を及ぼしている．代表的な分析として Chierchia（1998, 2010）の「名辞写像パラメータ」分析をあげることができよう．次節以降，まず Chierchia のアプローチの基となった Carlson（1977）の分析に触れ，その後，「名辞写像パラメータ」を概観する．

2.2.　種指示分析

  Carlson（1977）は，英語の裸複数名詞は一律に種を指示する固有名であり，その総称量化や存在量化解釈は，述語の意味に依存して種から個体，ステージへ転換されることで導出されると分析する．正確には，種は，(11) の図で示される通り，個体とステージの 2 つのレベルで具現化される．

(11)
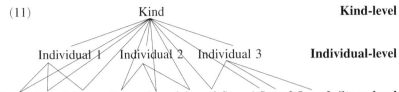

下の (12) で例示されているように，英語の裸複数名詞は，異なる解釈を有す．種レベル述語と共起すれば種解釈，個体レベル述語と共起することで総称解釈，そしてステージレベル述語と共起することで存在解釈がそれぞれ導出される．

(12)　a.　Dogs are widespread / rare.　　　種

　　　b.　Dogs are amiable.　　　　　　　総称

　　　c.　Dogs are in the kitchen.　　　　存在

このように，個体とステージはそれぞれ種とリンクしている．ある世界に種として「犬」に属す一郎，次郎，三郎という 3 匹の個体が存在するとしよう．同時に，各々の個体は異なるステージを有し，走ったり，食べたり，寝たりといった様々な活動に従事する．このような存在モデルを仮定すると，(13) のように，同じ名詞がクラス（種）や総称，さらには存在解釈を同時に有する事実を説明することができる．裸名詞は，基本，種を指す固有名であり，総称や存在解釈は種から導出された異なるレベルの実例としてとらえればよい．

(13)　Dogs are widespread and bravery and are eating my snack.

裸名詞を一律に種と分析し，総称や存在解釈を述語依存とするのが Carlson 流のアプローチである．Chierchia (1998, 2010)，Dayal (2004) をはじめとする多くの「種」分析は，Carson のアプローチに端を発するものであり，Chierchia の分析が Neo-Carlsonian アプローチと称される理由である．[1] 種

────────────

[1] 他方，裸名詞は一律に種ではなく，種か不確定語とする「曖昧分析」も 1 つの潮流をなしている．主な研究として，Wilkinson (1991)，Diesing (1992)，Kratzer (1995)，Far-

の分析に関しては様々だが，Carlson の分析はかなり標準化されたものだ．興味深いことに，この分析を動詞句や形容詞句に拡張する分析が近年多く発表されている．3 節でも触れてみたい．

2.3.　名辞写像パラメータ (Nominal Mapping Parameter)

Chierchia（1998）によって提示された名辞写像パラメータでは，名辞の指示は，[±argumental] と [±predicative] の組み合わせによる言語固有のパラメータ設定によって決定される．

(14) a.　[+arg, −pred]　　日本語，中国語
　　 b.　[−arg, +pred]　　ロマンス系言語
　　 c.　[+arg, +pred]　　ゲルマン系言語

(14a) のようにパラメータ設定されている日本語の NP は，単独で項になる．従って，普通名詞は個体として種（kind）を指す．(14b) タイプのロマンス系言語の NP は，述語タイプであり，項位置に出現する際は，基本，決定辞を伴う．以下の種解釈でも，例えばイタリア語では，義務的に冠詞が出現する．

(15)　I　　cani / *cani sono diffusi　　　イタリア語
　　　 the　dogs/　dogs are　　widespread　　　(Dayal (2004: 4))

(14c) のゲルマン系言語の NP は，項でもあり，述語にもなりうる．物質名詞や複数名詞は [+arg] の素性をもち，裸名詞として項とふるまうことができるが，可算単数名詞は [+pred] の素性をもち，項位置に出現する際は決定辞を伴うことが義務付けられる．

Chierchia（1998）の種分析では，例えば，種を指す RABBIT^k は，あらゆる全ての rabbits から構成されている．つまり，可能世界に存在する全ての rabbits を指す．冠詞を持たない裸名詞（英語の場合は，複数名詞）は，種の名前（the name of a kind）として扱われ，総称や存在解釈といった種

---

kas and de Swart (2003) 等がある．

を構成する個体に言及する解釈は，裸名詞からの派生解釈ととらえる．詳細
は次節で言及するが，(12b, c) の個物に言及する場合も，裸複数名詞自体
は種としてそのまま形容詞述語や前置詞句述語と統語的に併合する．

　この分析の利点は，裸名詞は他のスコープ関連要素との相互関係に入るこ
とができず，常に一番低いスコープをとるという事実をとらえる事ができる
ことだ．

(16)　a.　John wants to capture rabbits.

　　　b.　John wants to capture a rabbit.

(16a) は，「何でもいいからウサギを捕まえたい」という不透明 (opaque)
読みしか許さないが，(16b) は，その読みに加えて，「あるウサギを捕まえ
たい」という透明 (transparent) 読みも有す．その違いは，裸名詞と不定名
詞の量化力 (quantificational force) の有無に帰することができる．言い換
えれば，種を指示する裸名詞は量化子上昇 (QR) の対象ではなく，動詞
capture の内項位置に留まる．したがって，スコープの曖昧性を生み出すこ
ともない．

2.4.　派生的種叙述規則 (Derived Kind Predication (DKP))

　裸名詞を一律に種を指示する個体タイプと見なす Chierchia (1998) の
Neo-Carlsonian 分析では，裸名詞が extinct や widespread のような述語の
項位置に生起する際は何の問題も生じない．ただ，前節の (12b, c) のよう
な存在解釈や，総称量化解釈といった個物読みも裸名詞は有す．つまり，個
物読みを導出する述語と種指示の裸名詞が合成する際，種・個物間のミス
マッチが生じてしまう．このミスマッチを回避するために，Chierchia は次
のような派生的種叙述規則 (DKP) を提案している．

(17)　派生的種叙述規則 (Derived Kind Predication: DKP)

　　　述語 P が対象に作用し，k が種を指示する時，

　　　$P(k) = \exists x[^{\cup}k(x) \land P(x)]$

(18) の解釈では，DOG^k という種 (に属す犬全体) が走っているわけでは

なく，走っている DOG^k 種の実例が存在することを叙述している．

(18)　〚Dogs are running in the garden〛
　　　＝running-in-the-garden (DOG^k) via DKP ⇒
　　　∃ x[$^∪$DOG (x) ∧ running-in-the-garden (x)]

派生的種叙述規則（DKP）は述語レベルで作用し，DOG^k 種を構成する個々のメンバーは存在量化を受ける．DKP とは，端的に言えば，対象（object）をとる述語と種が融合した際のミスマッチを回避する操作である．「犬」という種は，「犬である」という属性と相関関係にある．両者は，非顕在的な操作によって，必要な際にタイプ変換を行う．Chierchia (1998: 349) は，以下のように両者の相関関係を図式化している．

(19)　　属性　　　　　　　　　　　種

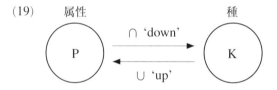

(20) a.　∩ : $\lambda P_{<s,<e,t>>} \lambda s\iota x[P_s (x)]$
　　　b.　∪ : $\lambda k_{<s,e>} \lambda x[x \leq k_s]$

名詞化演算子であるダウン（∩）は，文字通り，属性を個体概念に「下す」働きである．つまり，属性（状況から個体集合への関数）から個体概念への関数である．個体概念（種）は，状況（s）からその状況での最大元（maximal entity）への関数として定義される．一方，属性演算子であるアップ（∪）は，ダウンの逆で，個体概念を属性に「上げる」働きである．[2]

　(17) で定義されているように，DKP にはアップ演算子が内在されており，その演算子の働きによって，種指示の英語の複数名詞や日本語の裸名詞

---

　[2] Chierchia (1998) では，複数名詞の外延的意味は，「単数個体を除く複数個体の集合」と定義されているが，Chierchia (2010) では「単数個体と個体和を含む集合」と修正されている．

は，述語（属性）へとタイプ変換される.[3] つまり，複数名詞を含む裸名詞
は，種指示であり，DKP が作用することで個物解釈を導出する. 言い換え
れば，この一連のメカニズムによって，種指示の裸名詞は，統語構造に併合
された位置で存在解釈を導出することになる. 従って，裸名詞は他のスコー
プ関連要素との相互関係に入ることはなく，(16) で観察されるスコープ解
釈の事実も上手くとらえることができるわけである.[4]

2.5.　曖昧分析

　裸名詞に対して曖昧な扱いをする分析もある. 例えば，Diesing (1992)
の「曖昧分析」では，不定冠詞を伴う不確定語（indefinite）は，量化表現と
非量化的（弱）不確定語の曖昧語であるのに対し，一方，裸複数名詞は種と
非量化的（弱）不確定語の間で曖昧であると分析されている. 例えば，(21)
のような否定文において，不定冠詞表現は否定 not との関係において，広
い，狭い両方のスコープを取る. 一方，裸複数名詞は not より狭いスコー
プのみが導出される.

---

[3] 複数名詞は否定文（正確には下方含意環境）では，包括的（inclusive）解釈が導出され
る.
 (i) a. Lina harvested tomatoes.
   b. Lina did not harvest tomatoes.   (Marti 2020: 38))
(ia) が真となるため，Lina は 2 個以上のトマトの収穫が必要であるが，否定文の (ib) で
は，収穫したトマトが 1 つだけであれば真というわけではない. 否定文の場合には，複数
名詞は単数個の解釈を含む包括的（inclusive）複数解釈が導出される. つまり，その（外延
的）意味は「単数個体と個体和を含む集合」を指すことで包括的解釈の説明ができる. 近年
の複数名詞の解釈に関する分析は，統語部門ではなく，その後の演算メカニズムに関して
焦点が置かれている. この種のアプローチでも複数名詞の統語部門での扱いは大きく二分
される. 1 つは，複数名詞の意味は，一貫して「単数個体と個体和を含む」包括的複数であ
るという立場である (Sauerland, Anderssen and Yatsushiro (2005), Spector (2007),
Zweig (2009), Yatsushiro, Sauerland and Alexiadou (2017)). 個々の分析で詳細は異な
るが，このアプローチでは，包括的複数名詞が単数名詞との競合関係に入ることで，複数
名詞の下方含意環境と上方含意環境における解釈の差異が説明されている. もう一方のア
プローチは，複数名詞の外延は「単数個体と個体和を含む集合」，もしくは「個体和のみを
含む集合」の曖昧であるという分析をとる (Farkas and de Swart (2010), Marti (2020)).
[4] Chierchia (1998) の「名辞写像パラメータ」及び「派生的種叙述規則」に関しては，吉
田 (2002) で詳細に解説されている.

(21) a. John didn't read a book.   ¬ > ∃ or ∃ > ¬

    b. John didn't read books   ¬ > ∃

Chierchia（1998, 2010）の種指示分析では，裸名詞は動詞 read の目的語位置に併合され，DKP を介して存在解釈を導出する．つまり動詞の内項にとどまったままであり，not より狭い解釈が導出される（一般量化詞である不定冠詞表現は量化詞上昇の対象となり曖昧解釈をもたらす）．一方の曖昧分析のほうも（21）の事実に正しい説明を与えることができる．種と非量化的（弱）不確定語の間で曖昧な裸名詞は，（21b）では後者として内項位置に生起し，存在閉包（Existential Closure）によって not よりも狭い解釈が導きだされる．

　しかしながら，Dayal（2004）で指摘されているように，曖昧分析では，（22）のような副詞を絡めたスコープ関係の説明に困難が生じる．[5]

(22) a. #John killed a rabbit for an hour.   ∃ >adv

    b. John killed rabbits for an hour.   adv> ∃   （Dayal（2004: 6)）

（21）の否定文や法（助）動詞を含む環境内の不定冠詞表現は曖昧解釈を導出するが，副詞が絡むスコープ環境では，（22a）のように広いスコープ解釈が強制される．Diesing の曖昧分析では，個物読みを導出する裸名詞は，不定冠詞表現同様に不確定語として見なされ，弱不確定語としての解釈（非量化解釈）が導出される．つまり両者は，（弱不確定語として）同じスコープ解釈を共有するはずである．弱不確定語としての不定冠詞表現が副詞より広いスコープを取る場合，下記の（23）で定式化されるように，不確定語の存在閉包が副詞より高い位置で作用することになる．しかし，（同様に不確定語である）裸名詞のケースでは，導出される解釈が副詞より狭いスコープ解釈となり，統一性が取れなくなってしまう．

---

[5]（22a）は文法的には問題ないが，同じウサギが何度も殺されるという奇妙な意味を導出する．

(23)　∃ x[rabbit / rabbits　(x)　∧ ∀ t[within-one-hour　(t)　→　killled　at　t
　　　(j, x)]]　　　　　　　　　　　　　　　　　　　　　　　（Dayal (2004: 7)）

　一方，裸名詞の種指示分析を仮定すれば，（22）を含めるスコープ関連の
事実を統一的に捉えることができる．つまり不定冠詞表現は一般量化子とし
て VP 内から QR 移動した先で，一方の裸複数名詞は種として動詞句内の
内項位置でそれぞれ解釈されるため，正しくスコープ関係の事実をとらえる
ことができる．

2.6.　可算性と類別詞

　Chierchia（1998）の名辞写像パラメータで，[+ arg, − pred] のパラメー
タ指定を受ける日本語や中国語といった言語の名詞句は，大きく以下 4 つ
の特徴を有する．

(24) a.　項は裸で出現可
　　 b.　義務的な複数形態素の欠如
　　 c.　数え上げの際の類別詞の義務的出現
　　 d.　決定辞の欠如

[+ arg, − pred] 言語の名詞は，そのままで種を指す（単複の弁別がない）質
量名詞と同じ振る舞いを見せ，裸で項位置に出現することができる．[6] また，
単数名詞が存在しないので，（義務的な）複数化の際の複数形態素が存在し
ない．[7] ここで着目したいのが（24c）と（24d）である．日本語を含む [+
arg, − pred] 言語は，類別詞言語に属し，数表現は必ず類別詞を伴う．実は，
類別詞と決定辞は自然言語において相補分布の様相を見せている．つまり，
自然言語は決定辞と類別詞の両方を有することはできず，実際，そのような言
語の存在は報告されていない（Piriyawiboon (2010)）．決定辞 D の役割が述

---

[6]　ヒンディー語は，日本語や中国語と異なり，単数と複数の種指示名詞を有す．
[7]　日本語にも複数形態素「たち」があるが，「たち」の出現は随意的であり，義務的複数
形態素とは振る舞いが異なる．詳細な分析は Nakanishi and Tomioka (2004)，橋本・吉田
(2004) 等を参照．

102

語タイプの名詞を項タイプにタイプ変換することを考えれば，内在的に名詞
(NP) が項とパラメータ指定されている類別詞言語に決定辞 D は必要ない．
同時に [+arg, −pred] 言語の名詞は質量名詞であり，数え上げの際には類
別詞が必要となる．

　ただ，類別詞言語にも，構造上，機能範疇 DP を仮定する分析も多くあ
り，例えば，Cheng and Sybesma (1999, 2005) では，DP 主要部に類別詞
が生起する構造を仮定している．また，Watanabe (2006) や Izumi (2011)
を始め日本語に関する研究では，空の機能範疇 DP の有無が様々な角度か
ら議論されている．この議論は，機能範疇 DP をどのように特徴づけるか
の問題と絡んでくるが，空の決定辞に関しては慎重な議論が必要である（吉
田 (2002)）．次節以降，類別詞の意味的および統語的振る舞いを見ていく．

2.7. 類別詞の役割

　日本語では，対象名詞の「数え上げ」に「冊」，「人」といった類別詞が数
と名詞の間に介在する．名詞を種指示とした前提，すなわち，名詞は個の総
体であるとすれば（例えば「恐竜」という種は，恐竜の属性をもつ個体全体
を指す），類別詞の働きは，種を個体化（個別化）するものであるという自
然な分析ができる．意味論的な細部に立ち入ると，Chierchia (1998,
2010)，Dayal (2004, 2011)，Borer (2005)，Piriyawiboon (2010)，（さら
には日本語の類別詞の分析に関して）水口 (2007) 等が主張するように，類
別詞言語の名詞句は一律に「種」を指示する個体タイプであるとすれば，類
別詞の役割は，関連状況（世界）の最大元である個体の種から，それを構成
する原子個体 (atomic individual) の集合，すなわち原子述語へのタイプ変
換詞であると仮定できよう．

(25)　$[\![Cl]\!] = \lambda s \lambda k \lambda x.[AT(^{\cup}k_s)(x)] <s,<e^k,<e,t>>>$

(25) の定式化は，多くの類別詞言語で数詞を伴わない類別詞表現が観察さ
れる事実から支持される．以下のタイ語の例では，類別詞のみを含む名詞句
が関係詞節や形容詞に修飾されており，その場合，単数かつ特定性 (speci-
ficity) 解釈が導出される．

(26) a.　phuuying khon thii　　sai　　waen
　　　　woman　Cl　　Comp　wear　glasses
　　　　'the / a (specific) woman who is wearing glasses'
　　b.　maa　tua　siikhaaw
　　　　dog　Cl　　white
　　　　'the / a (specific) white dog'　　　　　　(Piriyawiboon (2010: 8))

しかしながら，類別詞言語を一括りに分析する難しさが類別詞にはある．
(25) の定式化では，(関連世界を除くと) 種指示の名詞と類別詞が最初に結
びつくことが前提となる．例えば日本語では，タイ語や中国語などの類別詞
言語と異なり，数を伴わない類別詞表現はいかなる場合も認められない．

(27) *学生人　　*人の学生　　*どの人の学生も (cf. どの学生も)

[+arg, −pred] に属する言語の名詞は，種指示の項としてパラメータ指定
されており，そしてその種を個別化 (individualization) するのが類別詞の
役割である．しかし，日本語の類別詞は「学生が 3 人」，「カエルを 3 匹」に
見られるように，主要部名詞よりも数詞との関係性が強いように思える．
(25) の意味論的な定式化を反映した統語論分析に Watanabe (2006) や Ji-
ang (2018) といった分析がある．Watanabe では，日本語を始めとする主
要部後置の言語では，「学生 3 人」のような句構造は，[学生 $_i$ 3 [t$_i$ 人]] のよ
うに，名詞の義務的な移動を伴うと提案されている．Watanabe のように仮
定すれば，主要部名詞に対する数と類別詞の並びを説明することができる．
ただ，なぜ名詞句内部で主要部名詞の移動が義務的に行われるのか疑問は残
る (名詞句内部の移動現象およびその動機づけの詳細は Watanabe (2006)
を参照)．

　他方，近年の研究では，類別詞の出現は，数詞の属性と深い関係があると
指摘されてる．Bale and Coon (2014) と Sudo (2016) は，それぞれ ミク
マク語と日本語の個別言語を扱い，類別詞の出現は，名詞ではなく，数詞の
属性に依拠するものであるという Krifka (1995) のスタンスを支持してい
る．Sudo では，類別詞を (28) のように定式化し，類別詞は数詞に直接作

104

用するタイプ変換子であるとの論が展開されている．

(28)　〚-rin〛 = λwλnλx:*$\mathbf{flower}_w$ (x).|{y ⊆ x:$\mathbf{flower}_w$ (y)}|＝n

(Sudo (2016: 5))

類別詞「輪」は，前提的な種制限（sortal restriction）として，メタ言語述語（*$\mathbf{flower}$）を内在化することで，「輪」の数え上げ対象を花類に制限することができる．Sudo の分析を仮定すれば，日本語では類別詞が数詞と結びつくことで個体述語に変換する．つまり，主要部名詞のない「5 輪」「3 人」といった類別詞と数詞の組み合わせ自体が個体述語として機能する．

(29)　あの人たちは 5 人だ．

また日本語では，数量詞句が主要部名詞句から遊離して出現可能であることからも，Sudo の分析は類別詞と数詞の密な関係性をうまくとらえていると思える．ただ，類別詞の役割を，名詞を無視して数詞の属性だけに依拠していいものかさらなる議論が必要である．上でも述べたように，類別詞と決定辞が自然言語において相補分布の関係であるなら，名詞の意味も含めた考察は欠かせないであろう．

2.8.　Saito, Lin and Murasugi (2008)

　日本語と中国語の類別詞に関する統語論分析として，Saito, Lin and Murasugi (2008)（以降，SLM）がある．日本語の格助詞「の」と中国の de の類似性と違いに着目し，前者が（構造上投射しない）格助詞であるのに対し，後者が機能範疇 D であると，彼らは主張している（Simpson (2003))．いずれも後続する名詞の修飾句標示（modifying marker）としての役割を担うが（Kitagawa and Ross (1982)），de のほうは主要部名詞句から意味役割を付与されない，いわゆる付加部の修飾句標示にはなれない．また，意味役割を担う修飾語句であっても，同時に複数の de 標示の語句を許さない．一方，日本語の「の」修飾語句に意味役割の有無は関係なく，複数の修飾語句の出現も可能である．

(30) a.　学生の人

　　　b.　野蛮人のローマの破壊

(31) a.　*xuesheng de　ren

　　　　　student　　de　person

　　　　　'a person who is a student'

　　　b.　*manzu　　de　Luoma　de　huimie

　　　　　barbarian de　Rome　 de　destruction

　　　　　'the barbarians' destruction of Rome'　　　(SLM (2008: 257))

SLM は，両言語の名詞句構造に DP を仮定している．NP 内で θ 役割関係が確立すると（つまり，主要部名詞が取る項が NP 内部で充足された後），「の」句や de 標示される句は DP 指定部へ上昇する．日本語の場合，意味役割の有無に関係なく，「の」句の出現が幅広い環境で許されるが，DP 指定部への移動は意味役割を持つ項タイプの名詞句に限定される．これを示す証左が NP 削除（SLM では N′ 削除）である．

(32) a.　太郎の態度は良いが，［花子の態度］は良くない．

　　　b.　ローマの破壊は［京都の破壊］よりも悲惨だった．

(33) a.　*晴れの日は良いが，［雨の日］は落ち込む．　　(SLM (2008: 253))

　　　b.　*太郎は 1 日に 3 冊の本を読むが，花子は［5 冊の本］を読む．

　　　　　　　　　　　　　　　　　　　　　　　(SLM (2008: 251))

名詞句削除に限定されたことではないが，他の削除現象（動詞句削除およびスルーシング）同様に，ある要素が当該の機能範疇の指定部に移動した場合に限り，補部要素の削除が認可されるというメカニズムは，統語論において幅広く認められている一般化である (Lobeck (1990))．(32) と (33) の容認性の対比は，削除現象を認可する句構造を有しているか否かに帰することができる．(32) の「花子」，「京都」は，主要部名詞「態度」「破壊」より，それぞれ「対象」としての θ 役割を受ける．その後，DP 指定部へと上昇し，NP 削除を認可する ((34a))．一方，「雨」，「5 冊」は，主要部名詞との θ 関係を築いておらず，(34b) のような DP 指定部への移動は認められず，NP

削除の認可子として機能できない.

(34) a.

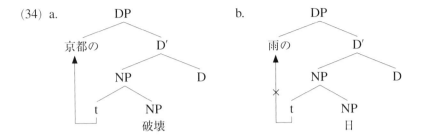

数・類別詞「5 冊」も,(33b)で例示されている通り,名詞句削除の認可子として機能できず,むしろ NP 付加詞として見なすのが妥当である.

一方,中国語の数・類別詞は,NP 削除を認可する.

(35) Suiran Zhangsan mai-le   [san- ben shu], dan Lisi mai-le
                      buy-Perf three-Cl book

     [wu-ben shu].
      five-Cl book

     'Zhangsan bought three books, but Lisi bought five.'

(SLM (2008: 261))

日本語の類別詞と異なり,中国語の類別詞は,名詞と結びつく際に de が介在しない.de を決定辞句(DP)の主要部と見なす SLM は,数・類別詞を伴う名詞句の構造を(36a)のように仮定している.対する日本語のほうは,(36b)のように,Cl (assifier) P を形成する数・類別詞が,NP に付加している.

(36) a.

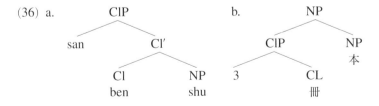

中国語では,類別詞句(ClP)の主要部に類別詞,数がその指定部に位置す

る．日本語の「3 冊」が NP への付加詞であるのに対し，中国語の san ben 'three Cl' は，構成素を成していない．数が機能範疇 ClP の指定部に位置するため，名詞句削除を認可する条件は整っているわけである．一方，日本語の数・類別詞は構成素として NP に付加している．削除現象を認可する句構造を形成しておらず，同時に，数と類別詞の密接性をうまくとらえた分析と言えよう．[8]

3.　動詞句のインターフェイス研究

　形式意味論では，個体の意味，例えば「リンゴ」の意味は「リンゴの集合」として定義される．動詞の意味も，その属性を満たす「個体集合」として扱われ，例えば，「走る」は「走るという属性を満たす個体集合」として定義される．ただ，動詞は，名詞とは異なり，事象や状態を表すものであり，その意味では，動詞を個体集合と定義することに腑に落ちない感は残る．Davidson（1967）は，動詞の意味を，動詞がとる個体項に加え，「事象」も項の一つとして加える分析を提示した．Davidson の分析は動詞句の意味論・統語論分析に大きな潮流を生み出したことは確かだ．次節以降，動詞が導入する事象項と，それにまつわる言語現象を概観していく．[9]

3.1.　Davidson (1967)

　事象項を仮定しない場合，例えば butter のような他動詞は，主語と直接目的語の二項述語として (37b) のような項構造を有す．

---

[8] 他方，Cheng and Sybesma (1999) は，標準中国語 (Mandarin)，広東語，タイ語のような主要部先行言語の構造を以下のように仮定している．つまり，数と類別詞それぞれを別個の機能範疇に投射させるような句構造である．

　(i)　[NumP Num [ClP Cl NP]]

[9] Davidson が導入した event（事象）は，広い括りでは，event として，state（状態）や process（過程）も含むものと理解されている．一方，Bach (1986) が eventuality という言葉を導入し，狭義の意味で event を定義し，state や process との違いを鮮明にしている．

(37) a.　John buttered the toast.

　　 b.　butter（John, the toast）

Davidson が指摘するように，(37b) の項構造表示では，文が描写する John の行為に対し，明示的に言及することが不可能だ．言い換えるなら，(38) のような文が後続する際の代名詞照応が説明できない．

(38)　John did it slowly.

そこで Davidson は，動詞は主題役割を担う個体項に加え，(39) のように事象項 (e) を導入することを提案した．

(39)　∃ e[butter（John, the toast, e）]

事象項が導入されたことにより，文の合成性に関して容易な分析が可能になったと言える．副詞句など文や動詞句を修飾する付加詞は，事象項を修飾する述語として扱うことができる．(40b) では，付加詞である前置詞句は全て，事象項を介して動詞句と結びつく．

(40) a.　John buttered the toast in the bathroom with the knife at mid-night.

　　 b.　∃ e[butter（John, the toast, e）∧ in（e,the bathroom）∧

　　　　　　 with（e,the knife）∧at（e,midnight）]

動詞に事象項を設けることで副詞句の修飾のターゲットが明示的になる．他にも事象項を導入する利点として，(38) に挙げた代名詞照応の説明，さらには，以下の例文が示すように，事象項が数詞や頻度副詞の数え上げや量化の対象になっていることも指摘することができよう．

(41) a.　Anna has read the letter three times / many times.

　　 b.　Anna has often / seldom / never read the letter.

また，Krifka（1990）が提示した以下の例文では，主語名詞句内の数詞による数え上げ対象が，個体の船ではなく，「通過する」事象であることが分かる．

(42)　4000 ships passed through the lock last year.

こう門を通過した船が 4000 隻存在する必要はなく，数隻で 4000 回通過し
ても解釈として成立する．この場合も，数詞の数え上げ対象が動詞 pass が
導入する事象項と仮定すれば説明がつく（ただ，合成性の観点から，どのよ
うな統語的派生を経るのか，また，それに伴う意味論の中身に関して議論は
必要である）．

3.2.　Neo-Davidoson 分析および Kratzer 分析

　Davidson（1967）以前の伝統的な動詞の意味分析，例えば，purchase の
意味は，動作主と対象の二項の「関係」を示すものとして定義されてきた．
一方，Davidson 分析では，purchase のような他動詞は θ 役割を担う 2 つの
個体項に加え，事象項を含む三項述語として定義される．さらに，David-
son 分析を改良した Neo-Davidsonian アプローチでは，動詞は事象項のみ
を含み，他の個体項は，θ 役割述語によって導入される．Kratzer（1996）
は，動作主と動作主以外の個体項を分け，動作主のみが θ 役割述語（Agent）
によって導入され，それ以外の個体項は動詞の項であるという分析を提示し
ている．(43a) が Davidson，(43b) が Neo-Davidson 流アプローチ，(43c)
が Kratzer による提案である．

(43)　a.　〚purchase〛 = λ y λ x λ e.purchase (x, y, e)
　　　b.　〚purchase〛 = λ y λ x λ e.purchase (e) ∧Agent (x) ∧Theme (y, e)
　　　c.　〚purchase〛 = λ y λ x λ e.purchase (y, e) ∧Agent (x)

Kratzer のスタンスを踏襲すると，動詞の意味は内項と事象の「関係」を示
しており，外項は動詞ではなく，θ 役割述語（Agent）によって導入される．
統語構造との対応であるが，Kratzer の分析では，外項を導入する機能範疇
として VoiceP が用いられているが，ミニマリスト理論の枠組みでは vP が
それに相当する．また，内項を導入する Theme 述語を統語構造との関係で
考えれば，ミニマリスト理論初期の枠組みで導入された AgrOP で対応させ
ることができよう (Chomsky (1993))．

3.3. 事象意味論と合成性

Davidson（1967）以来の事象意味論の発展は，様々な言語現象，例えば，前節で見た副詞句による動詞句修飾，さらには名詞化（名詞的動名詞）とその基となる動詞の関係性，使役・起動交替等，多大な貢献をなしてきた．また，事象項が時制やアスペクトの研究成果に大きく寄与していることも確かである．Vendler（1967）に端を発する動詞の4分類（活動・状態・達成・到達）の分析は，事象意味論の発展と軌を一にしてきた．1970年前後に展開された生成意味論（generative semantics）以来，動詞の意味をCAUSEやBECOMEといった意味述語に語彙分解することでその特性はより明らかにされた．例えば，Parsons（1990）は，Davidsonの事象項をさらに細分化し，語彙分解された動詞の意味述語にそれぞれの事象項を対応させた．以下は，他動詞closeの意味を定式化したものだが，（44a）がNeo-Davidson分析であるのに対し，（44b）がParsons（1990: 120）で提示された意味分析である．

(44) a.　$\lambda y \lambda x \lambda e[$close' $(e) \wedge$ Agent $(e, x) \wedge$ Theme $(e, y)]$

　　 b.　$\lambda y \lambda x \lambda e[$Agent $(e, x) \wedge$ Theme $(e, y) \wedge \exists e'[$Cause (e, e') $\wedge$ Theme $(e', y) \wedge \exists s[$Become $(e', s) \wedge$ Closed $(s)]]]$

（44b）では，他動詞closeが（広義の意味で）3つの事象項を導入している．動作主xが対象yに働きかける行為事象e，対象yが「閉ざされる」状態に変化する事象e'，そして「閉ざされた」結果状態のsである．このように事象を細分化することで，以下のような例文の曖昧性を説明することができる．

(45)　John closed the door, again.

副詞againが上位事情であるeより広いスコープをとる場合，「何度も閉める」という行為の反復解釈が導出される一方，状態項のsに対して広いスコープにとる場合，「閉ざされる状態」が反復されるという解釈が得られる．　事象項の存在は，特定の動詞が持つアスペクトの変異解釈にも援用されている．

(46) a.　The soup cooled for 10 minutes.　（未完了）

　　 b.　The soup cooled in 10 minutes.　　（完了）

cool や lengthen といった形容詞派生の動詞に表現される「程度達成（degree achievement）」は，(46) のようにアスペクト解釈の変異をもたらす．詳細は省くが，Kennedy and Levin (2008) の分析では，動詞の事象構造と（基となっている）形容詞のスケール構造の関係からアスペクト解釈の変異が説明されている．

3.4.　事象種

　名詞の個物読みが種に基づいて導出されるという種指示分析を 2 節でみた．個体の実例であるトークン（token）が種からの派生であると見なす存在論モデルは，名詞句の領域に留まる必要はない．興味深いことに，この分析を動詞句や形容詞句に拡張する論文が近年多く発表されている．

　例えば Gehrke (2015) は，Carlson (1977)，Chierchia (1998, 2010) の名詞句の種指示分析の骨子を動詞句の領域に拡張している．より正確には Zamparelli (1995) の統語分析が土台になっていると思える．Zamparelli によれば，名辞は種の述語としてスタートし，機能範疇 Num(ber) P の投射によってトークン個体に言及可能レベルに達する．[10]

(47)　　　　　　　　　　　NumP　　$\lambda x. \exists x_k[R(x, x_k) \wedge student(x_k)]$

　　　　　　Num　　　　　　　　　　　　　NP

$\lambda P \lambda x. \exists x_k[R(x, x_k) \wedge P(x_k)]$　　　　|

　　　　　　　　　　　　　　　　　　student　　$\lambda x_k.student(x_k)$

Gehrke (2015) の提案では，動詞は事象種の述語として統語構造に導入され，機能範疇 AspP の投射に伴い，事象種の実例である事象トークン（token）項を導入する．

---

[10] x はトークン個体の変数であるのに対し，x_k は個体種の変数である．

112

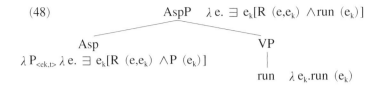

(48) 　　　　　　　　　AspP 　λe. ∃ e$_k$[R (e,e$_k$) ∧run (e$_k$)]

　　　Asp 　　　　　　　　　　　　　　　VP
λP$_{<ek,t>}$ λe. ∃ e$_k$[R (e,e$_k$) ∧P (e$_k$)]
　　　　　　　　　　　　　　　　　　　　|
　　　　　　　　　　　　　　　run 　λe$_k$.run (e$_k$)

Gehrke (2015) や Gehrek and McNally (2011) の分析を統語的に表示する
と上記の (48) のようになる．VP 句は事象種の述語 (predicate of event
kinds) であり，事象トークンは機能範疇 (ここでは Asp(ect)) の投射によっ
て導入される．意味論的には Carlson の R(ealization) 述語が対応してい
る．[11] 名詞句 NP は kind 領域であり，コンテキストを介した存在解釈や総
称解釈は全て種からの導出であるというスタンスは，2000 年代以降，動詞
句研究にも踏襲されている．以下の Carlson (2003) の記述は，動詞句が事
象タイプ (種) の領域としてスタートすることを述べている．

(49) 　(T)he VP is the domain of a context-free interpretive mechanism
　　　specifying an event-type, which is then the input to the usual
　　　context-sensitive propositional semantics generally assumed for
　　　all levels of the sentence. [12] 　　　　　　　(Carlson (2003: 198))

動詞句 VP がコンテキストから独立した事象種の領域であると仮定するの
に十分な理由はある．態度副詞や頻度形容詞 (frequency adjective) に関し
ては，事象種の領域を修飾するという分析が提案されている (Landman and
Morzycki (2003), Gehrke and McNally (2011), Anderson and Morzycki (2015)). [13]

---

[11] Carlson の R 述語は種 (タイプ) とその個体 (トークン) の「関係」を指す．

[12] ここでは，事象タイプ (event-type) は事象種として統一して扱っている．

[13] 頻度形容詞に限ったことではないが，例えば beautiful dancer の beautiful は，踊り子
が美しいことを表現するにとどまらず，「美しく踊る踊り子」といった具合に事象を修飾す
る形容詞としても働いている．つまり dancer の語根となる dance の事象種を修飾するこ
とで，より具体的な事象タイプ，すなわち事象亜種が導出される．頻度形容詞の occasion-
al も同様に，sail の事象種を介して結合すると仮定できよう．

　(i) 　John is an occasional sailor.
　　　‘John is someone who sails occasionally.
　(ii) 　The occasional sailor strolled by.

また，VP を事象種の領域と仮定することで，談話指示を導入しない，もし
くは指示性の弱い内項の特性が疑似編入（Psudo-Incorportaion）という操作
と共に説明されている（Dayal (2011)）.[14]

4.　形容詞と程度

多くの形容詞は内在的に「段階的な（gradable）」属性を有している.
very, terribly, too, rather といった程度表現によって程度の違いを表した
り，two feet, 180cm といった測定句（measure phrase）と共起できること
は，形容詞の段階的特性を反映している.

  (50) a. a very long paper　vs.　* a very paper
        b. John is 180 cm tall.

段階的形容詞の標準的な分析の1つは，Kennedy (1999) に代表される「関
数」分析である. この分析では，段階的形容詞を，(51a) のように，個体か
ら程度への「測定関数」（<e,d> タイプ）として見なす. 他方，段階的形容詞
は個体と程度の「関係」（<d,<e,t> タイプ）を指すという分析も強く支持さ
れている（(51b)）.

  (51) a. $[\![\text{tall}]\!] = \lambda x.\text{tallness}(x)$
        b. $[\![\text{tall}]\!] = \lambda d \lambda x.\text{tall}(d)(x)$

  'Occasionally, a sailor strolled by.'
  (i) よりも厄介なのが，(ii) のように頻度形容詞が文副詞の読みを導出する場合である.
Gehrke and McNally (2011) では，副詞読みの頻度形容詞に関して，種レベルの事象，さ
らには個体種にも作用する副詞という仮定の下，論が展開されている.
  [14] 擬似編入（Psudo-Incorporation (PI)）はヒンディー語，ハンガリー語，ドイツ語等の
多くの言語現象，特に動詞句内の指示性が弱い名詞句を説明するために提案されてきたが
(Carlson (2003), Dayal (2004, 2011))，Baker (1988) で提案された（統語的）編入とは
異なる. Baker の編入が動詞句の主要部をターゲットにしたものであるのに対し，PI は動
詞句という句レベルをターゲットにした編入操作である. 大雑把に述べると，VP が指示す
る事象集合をより限定化する働き，すなわち，動詞が指示する事象集合の下位集合（事象
亜種）を導出する操作と言えよう (Carlson (2003)).

本節ではまず，Kennedy（1999）に沿って段階的形容詞は（51a）の測定関数であるとの前提で例文（52）を考えてみる．この分析は「大きな DegP」分析とも称され，後述する「小さな DegP」分析と比較していきたい．

(52)　John is tall.

「ジョンは背が高い」といっても，同世代の中で背が高いとか，アスリートとして背が高いといった具合に，背の高さに関して比較のクラス（comparison class）が暗に存在するわけである．その比較のクラスは，AP の拡大投射である Deg(ree)P 主要部に非顕在的演算子 pos を投射することで導入される．

(53)　a.　$[\![_{\text{DegP}}\ \text{pos}]\!] = \lambda\,\text{g}\,\lambda\,\text{x.g}\,(\text{x}) \geq \text{s}\,(\text{g})$

　　　b.　$[\![_{\text{DegP}}\ \text{pos}\ [_{\text{AP}}\ \text{tall}]]\!] = \lambda\,\text{x.tallness}\,(\text{x}) \geq \text{s}\,(\text{tallness})$

（53a）は演算子 pos の定式化であるが，s はコンテキストに依拠した関数で，測定関数（変数 g で表示）である形容詞を取り，関連コンテキストにおける比較基準となる値を導出する．つまり（53b）の意味は，「高さが比較基準値より高い x の集合」となる．

　意味論的に演算子 pos が AP を項として取っており，その選択関係が統語構造にも反映されるなら，pos が AP の上位範疇 DegP の主要部，AP がその補部に位置する構造を仮定することが自然な帰結となる．これが「大きな DegP」分析と称される統語構造である．pos が AP と併合した後，さらに DegP の指定辞に位置する対象項 John を取ることで真理値が導出される（ここでは，be 動詞や時制は無視する）．

(54)

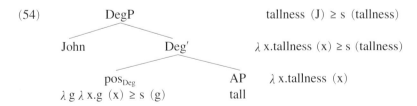

以上が段階的形容詞を「関数」と位置付けた「大きな DegP」分析である．

　他方，DegP は AP の指定部に位置するという，「小さな DegP」分析もあ
る (Heim (2000), Bhatt and Pancheva (2004))．(55) の定式化の通り，AP の
指示は，個体と程度の「関係」であるという分析に基づく．

(55)　$[\![\text{tall}]\!] = \lambda d \lambda x.\text{tall}(d)(x)$

「小さな DegP」分析でも，測定句のない形容詞の解釈は，非顕在的演算子
pos の導入によって導かれる．pos が比較の基準を設定する点で共通するが，
(53) とは異なり，pos の定式化は (56a) のように存在量化子の導入を伴う．

(56)　a.　$[\![\text{pos}]\!] = \lambda g \lambda x. \exists d[d{>}s(g) \wedge g(d)(x)]$
　　　b.　$[\![\text{Floyd is pos tall}]\!] = \exists d[d{>}s(\text{tall}) \wedge \text{tall}(d)(\text{Floyd})]$

(56b) の言わんとしていることは，高さに関する基準値を上回る値（程度）
があり，その値に Floy は関係づけられている，ということである．次節以
降，比較級構文に基づいて，「小さな DegP」分析を「大きな DegP」分析と
比較させながら少し掘り下げていきたい．

4.1.　比較級

(57) は英語の代表的な比較構文である．

(57)　a.　John is taller than Mary (is).
　　　b.　John is as tall as Mary (is)
　　　c.　John is less tall than Mary (is).

まずは「大きな DegP」分析の観点から比較級構文を概観する．「大きな
DegP」分析では，Deg 主要部を占める比較形態素の第 1 項は段階的形容詞
によって飽和される．(58) は比較形態素 -er / more の定式化である．

(58)　$[\![\text{more}]\!] = \lambda g \in D_{<e,d>} \lambda d \lambda x.g(x){>}d$

形容詞句 AP と結びついた比較形態素 more / -er は，次に than 節を項とし
て従える．than 節自体は，タイプ d の最大程度 (maximal degree) を指す
節であり，比較形態素の第 2 項を飽和する．統語的には，(59) で表示され

るように，DepP の付加位置に生起する．than 節と併合した DegP は，個体述語へと変換する．

(59)

DegP λx.tallness (x) $>$ Max (λd.tallness (m) $= d_1$)

　DegP λdλx.tallness $>$ d　　　Max (λd_1. tallness (m) $= d_1$)

Deg　　　　　　AP　　than φ λd_1 Mary is d_1 ~~tall~~

│　　　　　　│
more　　　　tall$_A$

λgλdλx.g (x)$>$d　λx.tallness (x)

(60) a.　John is taller than Mary (is).

　　 b.　tallness (John)$>$ Max (λd_1.tallness (Mary) $= d_1$)

ここで，than 節内の統語的操作にも触れておく．than 節内では，Chomsky (1977) 以来，統語部門で仮定されている空演算子の wh 移動が行われ，than 節のタイプが文タイプの真理値 t から述語タイプ <d,t>（つまり程度の集合）に変換される．が，比較形態素が求める項タイプは，タイプ d であるため，さらなるタイプ変換が必要となる．そのために，(61a) で定式化されているように，than を程度集合の最大程度を抽出する最大限演算子（Max operator）と関連付ける．

(61) a.　〚than〛 $= \lambda D_{<d,t>}$.Max (D)

　　 b.　〚than〛 (〚$\varphi \lambda d_1$ John is d_1 tall〛) $=$ Max (λd_1.tallness (John) $= d_1$)

1つの方策として than を最大元演算子として位置付けたが，必ずしもそのようにする必要はなく，空の演算子を最大元演算子として導入してもよいかと思う．いずれにしても，最大元演算子が作用することで than 節自体はタイプ d となり，比較形態素の第2項を飽和することになる．

「大きな DegP」分析の（構造的な）利点は，他の句構造との並行性を担保できることだ．つまり，「すべての語彙範疇（NP，AP，VP）は機能範疇を投射する」という Grimshaw (2000) の見解と合致する．形容詞句 AP も他

の句構造同様に機能範疇 DegP を拡大投射として有することになる．さらにこの分析で特筆すべきことは，DegP がスコープ関連要素を形成しないということである．したがって，DegP は QR を受けることはないため，他のスコープ要素との相関関係に入らず曖昧な解釈を導出しないことを予想する．[15]

4.2.　小さな DegP 分析と QR

　もう一方，比較級構文における「小さな DegP」分析の基本構造は以下のように表示される．DegP は AP の拡大投射ではなく，AP 指定部に位置する．

(62)

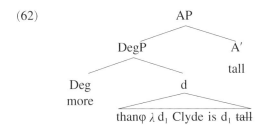

この分析の利点は，比較級節が DegP の補部に生起することから，DegP 主要部と補部位置に生起する比較級節との間に「選択制限」を課すことができる．例えば，DegP 主要部に more が生起する場合には than，as の場合には as，so の場合には that といった具合に，基準表記 (standard marker) の選択が正しく制限される．他方，「大きな DegP」分析の (59) では，比較級節は付加位置に生起するため，基準表記に選択制限がかかるのはおかしい．

　さらに，DegP が測定句 (measure phrase) と同じ AP 指定部に位置する

---

[15] 日本語のような比較形態素を欠く言語には，比較の対象となる than 句相当句（日本語では「より句」）内における wh 移動の存在を積極的に支持する証拠はない．代案として多くの分析が提案されているが，Beck et.al (2004) では，日本語の「より」比較節は，コンテキストに基づいた比較の「基準」を導入する．この研究をさらに発展させたのが Kennedy (2007) で，日本語のように比較形態素を持たない言語の段階的形容詞は，以下のように比較の基準を内在した形でレキシコンから導入される．

　(i)　[[nagai 'long']] = λ x.long(x)>s(long)

118

と仮定することで，両者を同位置にかつ同タイプのタイプ d として扱うことが可能となる．その為には，DegP を QR の対象となる一般量化子として扱う必要がある（つまり，QR 適用後に残された DegP の痕跡は測定句と同じタイプ d として扱うことができる）．比較形態素 more を，Heim (2000)，Beck (2011) に従って以下のように定式化すると，比較形態素を主要部とする DegP は (64) のように QR を受ける．

(63)　⟦more⟧ = λ d' λ D$_{<d,t>}$.Max (D)>d'

(64)

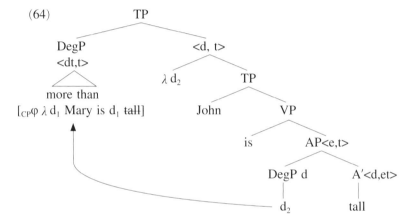

(63) で定式化されているように，more（もしくは比較形態素 -er）は「程度と程度の属性」の関係を指す．まず，比較節はタイプ d であり，more の第 1 項を飽和する．<dt,t> の一般量化詞タイプとなった DegP は QR を受け，測定句と同じタイプの痕跡（タイプ d）を残す．しかしながら，意味論的には，このままで真理値を導出することができない．タイプ d の痕跡は，（詳細は割愛するが，意味論的なプロセスを経て）変項へとシフトする．それを含む DegP 以外の残余部分の構成素は述語タイプ <d,t> となり，一般量化子 DegP の項となる．結果，最終的には (65) のような真理値が導出される．[16]

---

[16] QR した DegP のシスター位置にある TP は t タイプの文である．そこで述語抽出 (Predicate Abstraction) という操作が作用する．端的に言うと，述語抽出とは「t タイプを

(65)　⟦more than$\varphi\,\lambda\,d_1$ Mary is d_1 ~~tall~~⟧ (⟦$\lambda\,d_2$ John is d_2 tall⟧)

　　　$= \mathrm{Max}\,(\,\lambda\,d_2.\mathrm{tall}\,(d_2)\,(\mathrm{John})\,) > \mathrm{Max}\,(\,\lambda\,d_1.\mathrm{tall}\,(d_1)\,(\mathrm{Mary})\,)$

(65) が言わんとするのは，John の高さの最大値は Mary のそれを上回る，という意味である．このように，DegP を一般量化子とする移動分析では，移動した際の痕跡と測定句が同じタイプ，すなわちタイプ d となり，比較級構文と測定句を含む形容詞の構文を構造上パラレルに扱うことが可能になる．

　DegP を一般量化子とする移動分析，そして一方の非移動分析では，異なる予測を生み出す．DegP が QR の対象であれば，他のスコープ要素が文に含まれる場合，解釈上の曖昧性が予想される．実際，比較形態素と法動詞 require の間に構造上の相対的優位関係が形成されると，曖昧解釈が生じる (Heim (2000))．

(66)　The paper is required to be less long than that.

論文を執筆するにあたり，長さの規定が 10 頁としよう．この場合の長さ規定には，「最低必要頁数」と「最大許容頁数」の 2 パターンが想定される．提出された論文を見た指導教員は，指導に当たる執筆者に対し以下のような対応が予想される．

(67)　a.　... so you have to shorten it.

　　　b.　... so you don't need to lengthen it.

(Morzycki (2016: 165))

(67a) が「最大許容頁数」，(67b) が「最低必要頁数」の規定に基づく発言である．(67b) の「最低必要頁数」規定に導く解釈は，DegP が require より構造的に高い位置を取る際に導出される解釈である（主語の the paper は不定詞節の主語位置に生起すると仮定）．

(68)　$[_{\mathrm{DegP}}$ less long than that] $\lambda\,d_1$ $[_{\mathrm{TP}}$ ＿＿ is required the paper to be d_1 long]

<d, t> タイプの一項述語に変換する操作」である．

120

詳細な意味論的な手続きは省くが，この読みでは「論文が到達しなくてはならない上限頁は 10 頁より少ない頁」である．言い換えれば，10 頁を超えていても規定は満たすことになり，結果，(67b) の発言に繋がる．

(66) の曖昧解釈は移動分析を援用する言語事実であるが，実は一筋縄ではいかない．実際，主語位置に全称量化子 every linguist が生起する (69) では，DegP が every linguist より広いスコープを取ることができない．

(69) Every linguist is less tall than 6 feet.

DegP が広いスコープをとる LF 構造 (70a) は，意味論で (70b) の意味解釈が導出される．

(70) a. [$_{DegP}$ less than 6-feet] λ d$_1$[$_{TP}$ every linguist is d$_1$ tall]
   b. 〚less than 6-feet〛 (〚λ d$_1$ every linguist is d$_1$ tall〛)
     = Max (λ d$_1$.$\forall$x[linguist(x) → tall(d$_1$)(x)])< 6-feet

この場合の最大程度 (maximal degree) は，すべての言語学者の身長が到達する高さであり，したがって，最も身長が低い言語学者の身長ということになる．言い換えれば，一番小さな言語学者は 6 フィートより低いということになる．しかしながら，この解釈は例文 (69) からは導出されない．

スコープの問題は複雑で，解釈判断も悩ましいところがある．移動分析の可否を議論する上でスコープの議論は避けて通ることができない．なぜスコープの曖昧性が統語的に制限された環境でしか観察されないのか謎は残る．移動分析を仮定するならば，統語的な制約や規定を設けつつ DegP 移動の正当性を模索する必要がある．[17]

4.3. 「程度」に関する新たな見方

ここまでの議論は，程度を，存在論的に個体や事象とは異なるカテゴリーと認めた上で成り立っている．実際，程度はスケール上の点やインターバル

---

[17] Heim (2000) はスコープ解釈の曖昧性に関するフィルターを仮定し，DegP が DP タイプの量化子に対してスコープ関係の逆転を許さない制約を設けている．

を表示しているわけだが，その本質を捉えるには十分ではない．存在論的に
程度を認めず，その本質を追跡する研究はここまで多く発表されている．例
えば Cresswell（1976）は，程度は個体の「同値類（equivalence class）」，
すなわち，測定値が同じである個体群という見方を提示している（タイプ的
には個体集合 <e,t>）．これをどのように形式化するかは様々見解がある．
近年の研究においても，程度の取り扱いに関して議論が活発になされてい
る が（Gehrke and Castroviejo（2015），Anderson and Morzycki（2015）（以 降，
A&M）），1 つの潮流として，程度を Davidson 流の状態「種」という見方に
基づく分析が展開されている．

　種と程度の類似的な振る舞いは，かなり以前から指摘されている．量関係
節（amount relatives）と呼ばれる関係節を含む以下の例文では，種と程度
の類似性をうかがい知ることができる（Grosu and Landman（1998））．

(71)　It will take us the rest of our lives to drink the champagne [that
　　　they spilled that evening].

この場合の champagne の最も自然な解釈は，こぼしたシャンパンと同じ
「量」のシャンパンを指しており，こぼしたシャンパンそれ自体ではない．
同様に，以下の例文では，関係節は「種」としての champagne を特徴づけ
ており，それによって，シャンパンの亜種（例えば，ブリュットやセック等）
の読みが導出されている．

(72)　It will take us the rest of our live to find the champagne [that
　　　they had.

　また，(73) が示すように，段階的形容詞の名詞化と測定句を同等に扱う
ことはできない．

(73) a.　I was amazed at John's height.
　　　b.??I was amazed at 180 cm.　　　　　　　　　　　(A&M (2015: 801))

A&M は，同値類として程度を定義する Cresswell の考えを Chierchia
(1998) の種の分析に応用した．すなわち，180cm は，「180cm である複数

個体（最大元）」を指すわけだが，Chierchia 流に内包的に捉えると，180cm
は，「世界からその世界に存在する 180cm のすべての複数個体への関数」と
なる．さらなるステップとして，A&M は，Cresswell の同値類の考えを
「状態の同値類」へと拡張した．つまり，測定句 180cm は状態を指してお
り，「正確に 180cm である状態のすべて」が同値類を構成する．個体（例え
ばリンゴ）の複数個体が世界によって異なるように，180cm である状態も
世界によって異なる（ある世界では，美しい状態であるかもしれないが，別
の世界では奇妙な状態であるかもしれない）．

　2 節で見たように，Chierchia のシステムでは，種と属性（種の実例が満
たす属性）はアップとダウン演算子によって対応する．測定句に関しても，
A&M (2015: 806) は以下のように定式化している．

(74)　$[\![\text{six feet}]\!] = \lambda s.^{\cup}\text{SIX-FEET}\,(s)$

six feet は状態種である SIX-FEET から実例化された状態の属性（six feet
である状態 s の集合）を指す．程度を状態の属性と分析するならば，段階的
形容詞の方は「個体と程度の関係」ではなく，「個体と状態の関係」として
(75) のように捉え直す必要がある．

(75)　$[\![\text{tall}]\!] = \lambda x \lambda s.\text{tall}\,(s, x)$

したがって，段階的形容詞が測定句を伴う場合，両者は述語修飾（集合と集
合の共通部分（積集合）が形成される操作）を介して結ばれる．

(76) a.　Bill is six feet tall.
　　 b.　$[\![\text{Bill tall}]\!] = \lambda s.\text{tall}\,(s,\text{Bill})$
　　 c.　$[\![[\text{six feet}][\text{Bill tall}]]\!] = \lambda s.\text{tall}\,(s,\text{Bill}) \wedge {}^{\cup}\text{SIX-FEET}\,(s)$

(A&M (2015: 806)

測定句は単なるスケール上の点やインターバルを指すのではなく，ある意
味，段階的形容詞の様態を修飾する副詞のように捉え直すことができる．ま
た逆に，様態副詞句と称される修飾句も，程度解釈を導出する．

(77) a. Clyde is visibly happy.

　　 b. Clyde is strangely beautiful.

(A&M (2015: 802))

(77a) は so happy that it is visible, (77b) は so beautiful that it is strange の意味が自然な解釈として導出される．これらの副詞は，様態副詞であると同時に程度解釈にも寄与している．

　このように，A&M の分析では，程度を存在論的に認める標準的研究と大きく異なる．程度を状態種と再定義するならば，形容詞のみならず，状態変化動詞，さらには比較級構文の派生に関しての議論も再考する必要がり，今後活発な議論につながる可能性もある．

第4章

統語論と言語運用のインターフェイス

中谷健太郎 (甲南大学)

1. はじめに

ヒトの言語のメカニズムとして,「言語能力 (linguistic competence)」(あるいは「言語知識 (knowledge of language)」) と「言語運用 (linguistic performance)」の区別を説いたのはチョムスキーであり,言語能力・知識は実際の言語使用のための基盤を提供するとされた (Chomsky (1965)).[1] このモデルはその後半世紀以上に渡って生成文法理論の基盤となっており,言語は調音-知覚 (articulatory-perceptual: A-P) と概念-意図 (conceptual-intentional: C-I) の2つの「インターフェイス・レベル」(それぞれ PF, LF と呼ばれる) において「指示 (instruction)」を供給するとされる (Chomsky (1995)).[2]

このモデルにおいて,言語能力・知識と言語運用の関係がインターフェイス・レベルとして一見明確に規定されるように見えるが,実は必ずしもそう

---

[1] "[T]he knowledge of the language ... provides the basis for actual use of language by a speaker hearer." (Chomsky (1965: 9))

[2] "The performance systems appear to fall into two general types: articulatory-perceptual and conceptual-intentional. If so, a linguistic expression contains instructions for each of these systems. Two of the linguistic levels, then, are the interface levels A-P and C-I, providing the instructions for the articulatory-perceptual and conceptual-intentional systems, respectively." (Chomsky (1995: 168))

とも言えない.「言語能力・知識」と「言語運用」のインターフェイスを考える上で,このモデルにおいて明示化されていない大きな問題の1つは,「実時間」の問題である.ヒトが言語を使用(すなわち産出または理解)するとき,そのプロセスは当然実時間に沿って進む.一方,生成文法における計算システムは産出のモデルではなく,時間も線形順序も存在しない抽象的な理論的構成物である.よって,これが「言語運用システムに埋め込まれている」と仮定するだけでは(その仮定が正しいとしても),実時間に沿った言語運用と時間概念のない言語能力がどのように噛み合って働くのかという実際的な問題は解決しない.認知システムの中での言語機能(language faculty)の位置付けを明らかにするためには,この問題についての経験的な検証が必要であろう.その意味で,主に言語運用のメカニズムを追及しようとする心理言語学が果たす役割は今後ますます大きくなると言える.

　本章では言語運用において統語論の問題が実際的にどのような位置を占めているのかについて概観する.

2.　統語論で説明できない文法現象

　ヒトが文を処理し理解するためには線形に流れてくる言語入力に対し,適切な構造を与えること(統語解析(syntactic parsing))が必要なわけだが,手始めに,この基本的な統語解析の仕組みを解明する上でなぜ言語能力・知識を考えるだけでは不十分なのか,なぜ言語運用メカニズムまで関心を広げる必要があるのかを考えてみよう.まず根本的な方法論的問題として,言語能力・知識の研究はこれまで主に内省による文法性判断を通して行われてきたわけだが,その「内省による文法性判断」自体が言語運用であることに今一度注意されたい.言語能力なり知識なりを解剖学的に直接観察することはできないわけだから,言語刺激に対する直観的文法性判断という言語運用の窓を通してしか,言語能力・知識の研究はできないのは当然のことである.つまり,言語知識と言語運用を区別する必要があるといっても,言語知識は言語運用というフィルター越しにしか見ることができないのである.よって,言語運用のメカニズムやアーキテクチャをより良く理解することは,結

局言語知識の本質を見極めることにつながるのである．

　一般に，認知心理学・心理言語学の方法論は通常ヒトに「刺激」を与えて，それに対してどのような「反応」があるかを観察することによってヒトの認知機能について帰納的推論を行うことにある．この観点から捉えなおせば，理論言語学においても，例文＝刺激がどのような文法性判断＝反応を誘発するかという方法論を取っているので，認知心理学・心理言語学の手法と基本構造は同じと言える．そこで少し考えなければならないのは「文法性」と「容認性」の対立である．しばしば「文法性」は純粋に言語能力・知識の問題で，「容認性」は言語外の要因の影響下にあるとされる．しかしそれは「容認性」が「文法性」と無関係であることをむろん意味しない．容認性は様々な要因によって変わりうるが，その要因の一つに文法性があるのは間違いないからである．その意味で，容認性の問題は，言語外的 (extra-linguistic) と言われるシステムと言語能力・知識とのインターフェイス問題であると言える．[3] しかし「言語外的」と言われる言語運用のシステムのうち，統語解析器 (syntactic parser) など言語能力に近いところにある低次の言語運用メカニズムは，言語能力と密接に連結して機能する．例えば，単純な統語解析器の役割を考えると，それは，実時間に沿って入力される言語刺激を音素や形態素として解釈し，それを言語知識に合致する形で逐次的に構造を構築するという働きをする．その意味で，統語解析器は運用に関わるシステムであるとはいえ，（広い意味での）ヒトの言語メカニズムの一部を成していると言

---

　[3] 生成文法で言われる PF や LF などの「インターフェイス」は，統語的適格性 (syntactic well-formedness) に対して制約を与える役割を果たす「言語知識」視点から見たインターフェイスである．本章で考えるインターフェイスは，実時間上で脳神経によって駆動されるこころの機能がどのように働き，言語知識を利用して文を構築または解析するかという，「言語運用」視点からのインターフェイスである．平たく言えば，前者は「インターフェイスが理解できないアウトプットを統語部門が出してはダメだよね」という発想であり，後者は「統語部門が許さない分析をインターフェイスはしちゃいけないよね」という発想である．その意味で，この 2 つのアプローチはコインの裏表のようにも見えるかもしれないが，しかし，事はそこまで単純ではない．なぜなら前者は実時間を捨象した抽象的・静的な理論的構築物であるのに対し，後者は現実における動的な言語運用アーキテクチャに関わることであるからである．この両者ではインターフェイスの捉え方のレベルが異なることを認識することが必要である．

128

えるだろう．一方，Chomsky（1986b: 24）は以下のように述べて，言語研究の焦点を E-言語（外的言語）から I-言語（内的言語）に移すことの重要性を説いている．

> 「生成文法の研究は，その焦点を，実際的・潜在的行動および行動の産物［筆者注：すなわち E-言語］から言語使用・理解の背後にある言語システム［すなわち I-言語］に移した」[4]

しかし，「言語使用・理解の背後にある」のは言語知識だけではないのである．つまり，I-言語と E-言語のはざまに，運用を司る言語処理メカニズムが横たわっていると考えねばならない．E-言語は I-言語の「産物」であるが，I-言語単体では E-言語は生まれないのである．

　さて，言語の全体的なアーキテクチャの議論はこの辺りにして，ここからは話を具体的なレベルに落とし込もう．手始めに，文法に密接に関係する言語運用の実態を示すいくつかの例をみてみよう．まず以下の 2 文を比べる．

(1) a. The girl who John loved died yesterday.
　　b. The girl who loved John died yesterday.

この 2 文はいずれも文法的で何の問題もない文であり，また文の意味は異なるものの，使われている単語群は（少なくとも表面上は）まったく同じである．しかし実はこの 2 文の「読みやすさ」には若干の違いがある．読者のみなさんもこの 2 文を読んで，どちらにより「ひっかかり」を感じるだろうか．心理言語学の研究では，英語の母語話者でも（1b）に比べ（1a）のほうに有意に読み時間がかかることが広く知られている（Ford（1983），King and Just（1991），Wanner and Maratsos（1978）など）．同じ単語はほぼ同じ読み時間を示すはずであるが，まったく同じ単語が同じ数だけ使われている（1a）と（1b）が異なる読み時間を示すというのは興味深い事実である．この反応

---

[4] "[T]he study of generative grammar shifted the focus of attention from actual or potential behavior and the products of behavior to the system of knowledge that underlies the use and understanding of language, ..." (Chomsky（1986b: 24）)

の違いはもちろん構造が異なることと密接に関係しているが，しかしこれは統語理論「だけ」では説明できない．I-言語の理論は文法性の理論であり，文法的な文の処理や反応についての仮説は含まれていない．（1a）と（1b）の対比を説明するためには，運用のシステムが特定の統語構造に対してどのような処理を行うかという観点が必要である．

　もっと極端な例を見てみよう．

(2)　a.　The patient criticized the doctor who hired the nurse who is mean.

　　　b.　The nurse who the doctor who the patient criticized hired is mean.

（1）と同様，この 2 文はともに同じ単語が同じ数だけ使われており，主題関係も同じ，さらに関係節埋め込みが 2 つ重ねられているなど，語彙的，事象意味論的，統語論的に非常に近い文である．しかし（2b）は（2a）に比べてはるかに理解が難しい．一読して意味が取れる母語話者は稀だろう．その理由は，2 重になっている関係節が（2a）では右側に寄せられている（right-branching）のに対し，（2b）では中央に寄っている（center-embedding）ことが挙げられる（Yngve（1960），Chomsky and Miller（1963）など）．これは非常に明確な言語現象であるが，もちろん言語能力・知識の問題ではなく，言語運用の問題である．すなわち，文を統語処理する際に作業記憶（working memory）を随時利用するわけだが，（2b）においてはそこでオーバーフローが起こってしまうわけである．これは言語「外」の問題とはいえ，統語知識と密接に関係した低次処理が生み出す運用現象であり，「言語使用・理解の背後にある」アーキテクチャの一部を成していると考えることもできるだろう．これらの問題については第 4 節でもう少し詳しく議論する．

　そう考えると，前述した容認性と文法性の区別の正当性にも疑いが持たれるかもしれない．例えば文法性に関する Chomsky（1957）の有名な例文を見てみる．

130

(3) a. Colorless green ideas sleep furiously.
    b. *Furiously sleep ideas green colorless.

Chomsky はこれらに関して，どちらの文も英語の談話では起こり得ない文なので統計的なモデルから両者を区別することはできないとし，意味をなさないが文法的な (3a) と意味をなさず非文法的な (3b) を区別するためには意味や統計的頻度では測れない文法性に関する言語能力の理論が必要なことを説いた．ここで言う「統計的なモデル」は産出頻度が念頭におかれていると思われるが，(3a, b) の区別は本当に「統計的なモデル」でなしえないものかというと，実際は両者を区別する統計データを得ることはおそらく難しくないだろう．例えば (4) のような文を考えて，

(4) Colorful green frogs sleep calmly.

これを統制文[5]として設定し，(3a, b) と合わせて容認性判断調査をすれば，おそらく容認性の高さは (4)，(3a)，(3b) の順に下がり，その差は有意な差として現れるだろう．つまり，容認性データは，文法的な (4)，文法的だが意味をなさない (3a)，そして非文法的で意味もなさない (3b) を区別できることが予想される．

　では，これをもって「容認性に段階を考えるだけで良い」「容認性とは別に文法性を設定する必要はない」と言えるだろうか．実はこれに客観的な統計データから解を与えることは容易でない．それでも，直観としては (4) と比べた (3a) のおかしさと (4) と比べた (3b) のおかしさには質的な違いがあることは多くの人が同意することであろう．その「直観的な質の違い」が「文法性」と呼ばれるものである．つまり，「文法性」に特別な地位を与える根拠は統計データの中にはなく，この「直観」にある．すなわち，「統計データは (3a) と (3b) の違いを示せないから文法性という問題設定をすべき」なのではなく，「統計データは (3a) と (3b) の違いを定量的に示せるの

---

[5] 実験においてベースラインとして設定して比較対象とするデータを統制群 (control group) と言い，文理解実験では統制群を得るために設定される材料文を統制文と呼ぶことがある．統制文と対になる検証対象の材料文を実験文と呼ぶ．

だが，直観的に感じられる質的な違いを示すことができないから文法性を問
題として設定すべき」なのである．これは統計分析を超えたデータの一種の
「理想化」であり，もちろんこの理想化が誤っている可能性もあるのだが，
実際に言語処理のモデルを考える上では文法性を設定したほうが様々な運用
の現象が説明できる場面が多い．よって，容認性と文法性に一定の区別を設
けることは，少なくとも作業仮説としては多くの研究者に受け入れられてい
ると言えよう．[6]

　まとめると，生成文法など多くの言語理論では，文レベルの文法性が，理
想化された言語能力・知識の問題として設定されてきたが，そもそも文法性
判断自体が文処理という運用の結果であり，言語能力・知識は結局文処理メ
カニズムの運用の窓を通してしか研究できない．そのことを考えると，言語
能力・知識を研究する上でも文処理メカニズムの性質に光を当てることには
一定の重要性があると本節では指摘した．言語知識は言語使用の産物の背後
にあるとされるが，実際は統語解析器を初めとする言語処理メカニズムがそ
の間をとりもっている．よって，「言語使用・理解」の背後に何があるかを
完全に解明するためには，言語能力・知識に加えて言語処理のアーキテク
チャに対する理解が必要である．ではそのような言語処理メカニズムはど
のようなモジュールによって構成されているのだろうか．次節以降は特に統語
解析に焦点を当てて代表的な研究を概観する．

3.　ガーデンパス理論：最少付加と遅い閉鎖

　まず古典的なガーデンパス効果（garden path effect; 日本語では「袋小路
効果」とも言う）の研究から見てみよう．ガーデンパスとは入り組んだ庭園
の小径のことで，この用語は to lead someone down the garden path（＝
「騙す」「惑わす」の意）という慣用句に由来している．ガーデンパス効果と

---

[6] ここでいう文法性の問題は，生得性の問題とは独立である．すなわち，生得的基盤か
ら文法性が形作られるのか，経験的情報（頻度など）から文法性判断が形成されるのかとい
うことはここでは問題としない．

は，文を読んでいて途中で文の処理に失敗して混乱してしまう現象のことである．以下のような，繰り返し議論されてきたガーデンパス効果を産む文を見てみよう．

(5) a. While Mary was mending the sock fell off her lap.

   b. Fat people eat accumulates.

   c. The horse raced past the barn fell.

   d. The woman sent the letter was pleased.

いずれも文法的であるにもかかわらず，母語話者にとっても理解に困難を生じさせる文である．例えば，(5a) は，最初の解析では the sock を mending の目的語と捉えてしまいがちだが，そうすると fell が解析不能となる．mending がここでは実は自動詞であることに気づけば誤解析から復帰できるが，気づかなければ解析に失敗する．(5b) は Fat people を主語として捉えてしまいがちだが，すると eat accumulates という動詞の連続を解析できない．解析が成功するためには Fat が形容詞でなく名詞であり，people eat が関係節を成していることに思い至らなければならない．(5c) は Chomsky の (3a) のガーデンパス版と言っても良いほど有名な文である．ここでは最初の解析では raced が主動詞であると捉えられるが，すると fell で解析が破綻する．raced は実は過去分詞で horse を修飾すると考えなければ解析は収束しない（つまり「馬が競争した」ではなく「競争させられた馬」と解釈されなければならない）．最後の (5d) も同様で，sent を主動詞と捉えると was pleased で破綻するので，過去分詞と考えなければならない（つまり「女性が手紙を送った」ではなく「手紙を送られた女性」と解釈されなければならない）．

　いずれも実時間に沿った言語運用における言語知識の適用の失敗から来ている困難であるが，これは入力を処理する際に言語知識をどのように適用すべきかを統括する，動的なインターフェイスとして働くメカニズムが脳内に備わっていることの明確な現れでもある．

　では，これらのガーデンパス文のどのような特性が処理の破綻を引き起こすのだろうか．まず，(5) に挙げられた文の理解の困難さに一種の曖昧性

(ambiguity) が関わっていることは明らかだろう．(5a) についていえば，the sock を mending の直接目的語として捉えるべきなのか，それとも主節の主語として捉えるべきなのかという曖昧性があるし，(5b) についていえば，Fat を形容詞として捉えるべきなのか，名詞として捉えるべきなのか，(5c, d) についていえば，raced, sent を過去形として捉えるべきなのか，過去分詞形として捉えるべきなのかという曖昧性がある．しかし曖昧性があることが即処理の混乱を呼ぶわけではない．例えば統語論における構造的曖昧性を説明するのによく使われる以下のような例があるが，これらの曖昧性が理解の困難さを生むことはない．

(6) a. The spy shot the enemy with a gun.
　　 b. He hates old men and women.

(6a) は with a gun が shot の付加詞か，enemy の修飾語かという曖昧性があり，(6b) には old が men のみを修飾するのか，men and women という大きな構成素を修飾するのかという曖昧性がある．しかしこの (6a, b) における曖昧性が (5) のそれと決定的に異なる点がある．(6a, b) は 2 種類の統語分析のいずれを採っても文法的に成立する．言い換えれば，文を最後まで読んでも，この文だけではどちらの分析が正しいか，判定できないということである．このような種類の曖昧性を「全体的曖昧性 (global ambiguity)」と言う．統語理論で構造的曖昧性と言われるものは，この全体的曖昧性に当たる．しかし (5) の場合，事情は異なる．(5a) の場合，the sock の段階でこれが mending の目的語なのか主節の主語なのかという曖昧性があるが，前者の解釈を取ると fell の時点で処理が破綻する．(5d) の場合，sent の時点では過去形か過去分詞形かという曖昧性があるが，過去形だと考えると was pleased で混乱に陥る．つまり，文を実時間処理する途中段階では曖昧性があるが，文全体を見渡せば，文法的に収束する分析は一種類しかない．このような曖昧性を「局所的曖昧性 (local ambiguity)」と呼ぶ．

　局所的曖昧性に対しては，その定義上，文中に必ず曖昧性が解消するポイントが存在する．(5a) では fell，(5b) では accumulates，(5c) では fell，(5d) では was がそれであるが，これを「曖昧性解消領域 (disambiguating region)」と言う．ちなみに統語理論においては，局所的曖昧性は構造的曖昧性に数えられない．なぜなら統語理論は文単位の適格性の理論であり，文より小さいレベルでの曖昧性は不問とされるからである．

　さて，これら2種類の曖昧性のうち，全体的曖昧性のほうは通常ガーデンパス効果を生まない．ガーデンパス効果を生むのは局所的曖昧性である．[7] しかし，局所的曖昧性が即ガーデンパス効果につながるわけではない．例えば以下の例を考えてみる．

(5′) a.　While Mary was mending the sock someone knocked on the door.

b.　Fat people eat a lot of food.

c.　The horse raced past the barn and then fell.

d.　The woman sent the letter to her daughter.

これらの文は (5) とまったく同じ局所的曖昧性を含んでいるが，いずれも理解に困難をきたさない．例えば (5′a) では the sock の段階で mending の目的語か主節の主語かという局所的曖昧性があり，(5′d) を sent まで読んだ段階ではこれが過去形か過去分詞形かが曖昧である．違いは以下の通りである．まず，(5a) では the sock を主節主語と解釈しなければ文法的に収束しないのに対し，(5′a) では mending の目的語と考えなければ文法的に適格とならない．(5d) では sent を過去分詞と考えなければ処理が破綻するのに対し，(5′d) では過去形と考えねばならない．しかし (5) の文では混乱し，(5′) の文では混乱しないということは，母語者は局所的曖昧性に出会ったとき，すなわち，局所的に2通りの選択肢がある場合，片方を選好する傾向があるということである．その選好通りに文が収束すれば問題がないが，そうでない場合に混乱する．例えば，(5a)/(5′a) ならば，the sock を

---

[7] ガーデンパス効果を単に「処理に破綻（または困難）をきたす文法的な文」と規定するならば，局所的位曖昧性に由来しないガーデンパス効果も存在すると言える．例えば (2b) は理解困難であるという意味でガーデンパス効果があると言えるが，その困難さは曖昧性ではなく後述するように作業記憶の限界に由来するのである．「ガーデンパス効果」という用語を局所的曖昧性由来の理解困難に限定するかどうかは定義の問題である．

mending の目的語と考える道を選好するため，その通り事が進む (5′a) は
問題がないが，そうでない (5a) は混乱をきたす．(5d)/(5′d) ならば，sent
を過去形と考える道を選好するため，その通り進むことができる (5′d) は良
いが，(5d) では袋小路にはまってしまうということである．そう考えると
全体的曖昧性がガーデンパス効果を生まないことも納得できる．全体的曖昧
性ではどちらの道を選んでもゴールに辿り着ける（文法的に収束する）ので
ある．

　ちなみに，いくら局所的曖昧性があって複数の解釈の可能性が生じても，
そこで特定の解釈を選好せずに，曖昧性解消領域に当たるまで判断を保留す
ればこのような混乱は起きないはずである．局所的曖昧性に起因する混乱
は，そこまで待たずに，決め打ちして読み進めるために起こる．こういった
処理を「逐次処理（漸次的処理 incremental processing）」と呼ぶ．逐次処理
は円滑かつ高速なメッセージの伝達および理解には必須である．読者のみな
さんも友だちと会話するとき，講義を聞くとき，テレビ番組を見るときなど
に，話し手が 1 センテンス言い終わってから意味を考え始めるといった悠
長なことはしないだろう．逐次的な入力に局所的曖昧性がある場合に，その
完全な解消を待たずに特定の統語分析を選好して処理を進めるのはむしろ当
然のことなのである．ここで問題となるのが，逐次処理において特定の統語
分析が選好されるとき，なぜその統語分析が他の文法的な分析よりも選好さ
れるのか，どのようなストラテジーによって選好が誘導されるのかというこ
とである．

　これを特に統語解析の観点から検証する動きは 1970 年代後半から 1980
年代に特に活発になった（Kimball (1973), Frazier (1978), Frazier and Fodor
(1978), Frazier and Rayner (1982), Gorrell (1987) など）．それらの理論のい
くつかでは統語解析のモジュール性（簡単にいえば自律性・独立性）が仮定
され，意味論や語用論とは独立的に，かつ先行して入力に対して統語解析が
行われるとされた．その統語解析器を統御するストラテジーとして古典的な
ものが，Frazier (1978) の最少付加（Minimal Attachment）と遅い閉鎖
(Late Closure) である．

(7) 最少付加 (Frazier (1978: 36))

当該言語の適格性規則に合うもっとも少ない数の節点 (fewest nodes) を用いて構築中の句構造に入力を付加せよ.

(8) 遅い閉鎖 (Frazier (1978: 36))

可能ならば現在解析中の節に入力を付加せよ.

最少付加の原則は経済性の原則であり, 節点 (統語樹形図において NP や V′ などの統語範疇ラベルが付与された枝の先端のこと) の数が最少になるように樹形図を構築するということは, 簡単に言えば樹形図が統語規則の許す範囲内でもっともシンプルになるように構造解析をすることが選好されるということである. 例えば (5c, d), (5′c, d) では raced および sent が過去形か過去分詞形かという曖昧性があるが, 過去形と考えた方が節点の数が少なくなり, 統語構造はシンプルになることが見込まれる. なぜなら, 通常, 文には述語動詞が必ず必要であり, raced や sent には述語動詞になる資格があるからである. もし過去分詞形だと考えると, それは主語を修飾する役回りとなり, 他に述語動詞が必要となってしまい, 節点が増えてしまう. つまり, (後々実際にどういう展開になるかはともかく) raced や sent が出現した段階では, それらを述語動詞だと考えた方がてっとり早く, シンプルに構造構築を終わらせられる見込みがあるのである. こういった経済性のストラテジーは作業記憶を初めとするヒトの文処理資源が限られているがゆえに起こるものだと考えられる (5 節参照).

最少付加の仮説は, その定義上, 最少節点数 (fewest nodes) の原則であるがゆえ, 統語理論がどのような統語構造を仮定するかによって大きく左右されてしまう (どういう構造を仮定するかによって節点の数が変わってくるため). よって, 最少節点数を厳密に字義通り取って採用する研究者は現在では少なく, それゆえ「最少付加」という用語自体は最新の研究で頻繁に見ることはないが, 「選択肢があるならあえて複雑な構造を選ぶことはしない」という最少付加原則の基本的な洞察は広く認められていると言えよう.

しかし, (5a) のガーデンパス効果に関しては, 最少付加は明確に誤った予測をする. ここでは the sock が mending の目的語か主節の主語かという

曖昧性があることは前述した通りだが，「主節の主語」というのは必ず必要な要素であるのに対し，「mending の目的語」は必ず必要な要素ではない．そう考えると the sock を主節の主語と考えた方が節点の数は少なくなり構造がシンプルになるはずだが，事実としては，読み手は the sock を mending の目的語と解釈し，その結果 fell でガーデンパス効果が起こる．これを説明するため Frazier（1978）は（8）に上げた「遅い閉鎖」の原則を提唱した．すなわち，the sock の直前まで埋め込みの while 節が解析されているので，それに釣られるような形で the sock がその節の一部として解析されてしまうということである．

　遅い閉鎖と同様の洞察は，「入力を最右端へ付加せよ」という「右への関連付け（Right Association）」の原則（Kimball（1973））や，「入力を局所的に付加せよ」という「局所的関連付け（Local Association）」の原則（Fodor and Frazier（1980）），あるいは「入力を直近の構造に付加せよ」という「新近性（Recency）」のストラテジー（Sturt et al.（2002）など）といった処理ストラテジーとして様々な研究者が提唱している．「遅い閉鎖」以外は「節」への言及がない局所性条件なのが大きな違いである．この中でもっとも認知処理の動機付けが直接的なのが「新近性」であり，これは言語に限らず，時系列上で近いもののほうが記憶に新しいため様々な認知活動で焦点が当たりやすいという一般的な認知機構の特性に基づいている．言語についていえば古くは Deese and Kaufman（1957）の想起課題を用いた研究などによって指摘されてきた．ただし，関係節の付加の研究では，関係節の修飾先候補の名詞が2つある場合，近い名詞ではなく遠い名詞へ付けることが選好される言語が存在するとされ（Cuetos and Mitchell（1988）），節への付加でないケースでは必ずしも新近性のストラテジーに従わない例がある．そうすると，節境界の役割に重きを置く「遅い閉鎖」の妥当性が浮かび上がるが，もちろんそれは新近性の考え方を否定するものではなく，むしろ，「遅い閉鎖」は新近性の原則に節境界処理の特性を組み合わせた複合的な原理だと考えることができるだろう．しかし節内と節境界では新近性の効果が本当に異なるとしても，なぜそのような差異があるのかについてはさらなる研究が必要である．

4. 統語解析への意味論や語用論の影響

　前節で紹介した最少付加や遅い閉鎖といった古典的とも言える文処理スト
ラテジーの理論は統語構造の構築についての選好の理論であり，しばしば
「ガーデンパス理論」と呼ばれる．心理言語学研究の初期にこのような統語
論ベースの研究が盛んになされた背景としてはもちろん生成文法研究の隆盛
ということがある．生成文法においては統語論の自律性が強く主張されてお
り，統語部門は言語能力の中心として意味解釈のために語彙項目を積み上げ
て構造構築を行うものとして捉えられている．前述した様にそれは統語論に
おける派生が実時間上の言語産出や理解を反映しているということでは決し
てないのだが，それでも初期の心理言語学研究においては，統語構造に基づ
く統語解析が自律性に働き，しかも意味解釈や語用論的解釈に先行するとい
う可能性が模索された (Rayner et al. (1983) など)．しかしその後，意味論や
語用論の情報が，かなり早い段階で作用することが明らかになった．

　例えば今一度 (5a) を考えてみると，the sock を mending の目的語とし
て解釈することが選好されるのは，遅い閉鎖の原理に照らし合わせれば，節
を閉じるのを遅らせることが選好されるからであるが，それ以前に，mend
という動詞が自動詞よりも他動詞として使われる頻度が高いことが影響して
いる可能性があろう．すなわち節の閉鎖以前の問題として単に mend と the
sock の共起的な親和性が高かっただけという可能性である．

　これに関連した問題を検証した研究として，例えば Trueswell et al.
(1993) は，補部に名詞句および補文を取りうる動詞 (know, forget, re-
member, observe など) を検証した．彼らはまず，文完成課題を通した基
準形成研究によってこれらの動詞の中で NP 補語を選好するものと補文を
選好するものを洗い出したうえで，クロスモーダル（様相交差的 cross-
modal）実験を行った．クロスモーダル実験とは，複数のモード（典型的に
は聴覚と視覚）の刺激を組み合わせた実験で，Trueswell らの実験 1 の計画
では，まず以下の様な文の断片が，2 要因（各 2 水準）の聴覚刺激用の項目

(item)[8] として用意された.

(9) a.　NP 選好×補文標識なし
　　　　The old man accepted

b.　S 選好×補文標識なし
　　　　The old man insisted

c.　NP 選好×補文標識あり
　　　　The old man accepted that

d.　S 選好×補文標識あり
　　　　The old man insisted that

これらのいずれかを聴覚刺激として提示された直後に, 実験参加者はモニタ上に現れる単語 (視覚刺激) をできるだけ速く読み上げるという課題が与えられた. ターゲットとなるこれら実験項目には, HE または HIM が視覚刺激として与えられた. これが第 3 の要因 (2 水準) となるため, 実験計画としては 2×2×2 計画となる. 単語の読み上げは文脈に合っているほうが合っていない場合よりも速いことが知られているため, 補文標識がある条件 (9c, d) においては HE への読み上げ反応時間が HIM よりも短くなるはずである. 問題は補文標識がない場合で, もし動詞の補部に対する選好が即座に影響するならば, NP 選好の動詞 (9a) の場合, HE に対する反応が HIM より遅く, S 選好動詞 (9b) の場合はその逆になることが予測される. はたして Trueswell らは予測通りの結果を得た.

　ここで注意すべきなのは, 最少付加の原則は (おそらく遅い閉鎖の原則も) 補部に NP が来ることが選好されることを予測すると言うことである. なぜなら, 補文が続くよりも NP で終わるほうが明らかに樹形図の節点の数が少なくて済む見込みだからである. つまり, NP 補部と S 補部の選択肢がある動詞については, 最少付加が初期の処理を駆動するならば常に NP 補

---

[8] 心理言語学実験において「項目」とは通常, 要因の組み合わせにより条件分岐した実験材料のセットのことを言う. 今回の場合は 4 条件に分岐するので, 1 項目に 4 文が含まれる. 一般に, 各実験参加者には項目それぞれから 1 文が選ばれて提示される (ラテン方格法).

部が選好されるはずであるが，実験ではそのような結果にならなかった．

　これについては，「単語読み上げ」という課題の時間的な精密度が低いために，最少付加による最初期の選好を探知できていなかった（読み上げをする段階ではすでに動詞固有の頻度情報による選好の段階に入っていた）という反論が可能かもしれない．しかしよく考えるとそれも不思議なロジックである．つまり，最少付加の原理により NP 補部が選好されるためには，動詞が NP 補部を取るという情報が解析器に渡っていることが前提である．つまり最少付加による選好の前提として動詞の下位範疇化情報（動詞がどのような項を要求するかという情報）が与えられていなければならない．そうでなければ，hope のような名詞句を取れない動詞でも NP 補語分析がされるということになってしまう．もっと根本的なことを言えば，統語構造を構築するには単語の品詞情報（＝語彙情報の 1 つ）が必要であるのだから，最少付加に基づく統語解析は多かれ少なかれ語彙情報が得られることが絶対的な前提となる．NP 補部 vs. S 補部の頻度情報が下位範疇化情報の 1 つとして統語解析の最初から用いられると仮定してもさほどおかしいことではない．

　ここまでは単語単体の語彙情報としての下位範疇化頻度情報が最少付加の原則と競合するという話であったが，では単語の組み合わせからくる意味解釈が統語解析に影響を与える可能性はどうだろうか．Crain and Steedman (1985) は，(5c, d) タイプの縮約関係節 (reduced relative clause) がからむガーデンパス文について，主語が定名詞句か不定名詞句かでガーデンパス効果が影響されると主張した．その根拠として，以下のような語用論的な経済原則を提唱した．

(10)　節約の原理（The Principle of Parsimony）
　　　もしある読みがもたらす前提・含意が他の読みのそれよりも少なく，他のもっともらしさの基準に関して同等ならば，その読みが聞き手によって採用され，当該の前提が聞き手のモデルの中に組み込まれる．　　　　　　　（Crain and Steedman (1985: 333) の定義を簡略化）

これをもとに例えば (5c) を考えると，The horse raced past the barn の raced past the barn を縮約関係節として捉えると，定冠詞の存在により，文

に明示的に記されている「納屋の横を走らされた馬」のほかに「納屋の横を
走らされていない馬」の存在が前提として想定する必要がある．raced を主
動詞の過去形として分析した場合はそのような前提は不要である．よって，
聞き手の想定する意味論的モデルとしては，縮約関係節分析より主動詞分析
のほうが想定すべき前提が少なく「節約」となるのでそちらが好まれること
になる．一方，もし A horse raced past the barn や Horses raced past the
barn のような不定名詞句が来た場合は，縮約関係節であっても単なる存在
解釈が可能となり，対比すべき状況を想定する必要がなくなるので，ガーデ
ンパス効果は軽減されると予測される．

　　Crain and Steedman（1985）は，定名詞・不定名詞についてのこの仮説
を，名詞と動詞の組み合わせのもっともらしさの要因と合わせ，以下のよう
な 2 要因（各 2 水準）の材料文を用いた．

　(11)　a.　The teachers taught by the Berlitz method passed the test.
　　　　b.　The children taught by the Berlitz method passed the test.
　　　　c.　Teachers taught by the Berlitz method passed the test.
　　　　d.　Children taught by the Berlitz method passed the test.

ここで，(11a, b) は定名詞句，(11c, d) は不定名詞句という対比がある．
前者では想定すべき前提の数の節約の原理から，縮約関係節の解釈が忌避さ
れるのに対し，後者ではそのような前提の想定が必ずしも強制されないた
め，縮約関係節の解釈も相対的にしやすくなると予測される．(11a, c) と
(11b, d) の対比は主題役割のもっともらしさの対比であり，teachers が「教
えられる」よりも children は「教えられる」ほうが世界知識からみてももっと
もらしい主題役割関係にあるので，(11b, d) のほうが縮約関係節解釈がし
やすく，ガーデンパスに陥りにくい．実験では，「容認」または「非容認」を
参加者に選ばせる 2 項容認性判断課題が設定され，その結果，予測通り，
不定名詞句条件 (11c, d) は定名詞句条件 (11a, b) より有意に容認性が高
く，縮約関係節読みがもっともらしい (11b, d) はそうでない (11a, c) より
も容認性が高かった．これらは，語用論的な計算が，統語構造の選好にはっ
きりと影響を与えているという証拠だと考えられる．

　このように，統語解析に意味論や語用論の影響があることを示す研究は多く出たが，これに関して初期のガーデンパス研究で大きく議論を呼んだのは，統語解析は「統語論ファースト」かどうかという問題である．前述した通り生成文法の主流では統語論を唯一の計算部門として仮定しており，音韻インターフェイス (PF) および論理インターフェイス (LF) に「構造記述 (structural description)」という形で指示を与えるとしている．生成文法はもちろん文処理の理論ではないので，文処理のメカニズムがこの統語論の図式を反映したものになっていると仮定しているわけではないが，それでも言語知識の構造が言語運用である文処理においてもある程度反映されている可能性が検討された．具体的には，ガーデンパス系の研究では，局所的に曖昧な構造の逐次処理において，「まずは統語論の選好があり，その後に意味論や語用論の選好が発動する」という可能性が検討された．

　これに関して，初期の研究では主題関係としてフィットするかどうかといった世界知識の影響はただちにはなく，文処理の最初期段階では最少付加に基づく統語構造選好のみに依拠した処理が先行すると報告された (Ferreira and Clifton (1986) など)．しかし，その後の，より適切に統制された実験計画では語用論の影響が初期段階から利用されることが指摘されることとなった．例えば Trueswell et al. (1994) は，有生性（有生 vs. 無生）×縮約性（縮約関係節 vs. 非縮約関係節）の 4 条件の実験計画のもと，読みの視線計測を行った．

(12) a. The defendant examined by the lawyer turned out to be unreliable.

b. The defendant that was examined by the lawyer turned out to be unreliable.

c. The evidence examined by the lawyer turned out to be unreliable.

d. The evidence that was examined by the lawyer turned out to be unreliable.

最少付加の原則に従えば，縮約条件 (12a, c) の examined は主動詞として

分析されるはずなので，それを過去分詞に再分析させる引き金となる by the lawyer にて，非縮約条件に比して（おそらく軽度の）ガーデンパス効果が見られるはずである．しかし，(12c) の場合は，無生物主語の evidence が examined の動作主としては不適格であり主題としては適格であるので，examined を過去分詞として処理することはより容易であると予測される．

　問題は，「evidence が examine の動作主としては不適格である」という語用論的な知識がどのタイミングで発動するかである．Trueswell らの実験結果では，無生物を主語に置くことのガーデンパス軽減効果が視線計測における最初期段階の指標であるである初回通過読み時間（first pass reading time）ですでに見られた．すなわち，最少付加に基づく統語解析が先行したのちに意味的・語用論的解釈が発動するというよりは，入力に対する語彙アクセスや形態論分析が行われると，統語的制約（最少付加など）や意味的・語用論的制約（主題関係についての世界知識）が同時的に文処理への道筋を作っていくという「制約ベース（constraint-based）」のモデルがより適切に現実を反映していると主張された．

　例えば (12a, c) の縮約条件では，入力の examined に対しそれを examine + ed とする形態論的分析がなされ，同時に examine への語彙アクセスが行われて品詞，意味，項構造，頻度などの情報が引き出される．それを先行する名詞句にどのように付加するかという統語解析的選好について，最少付加といった統語的な経済性の原則，前提の導入や主題関係のフィットといった意味や世界知識に基づく制約などが一定の重みづけをもって影響を与え，構造・解釈が選好される．こういったモデルを図式化すると図 1 のようになるだろう．

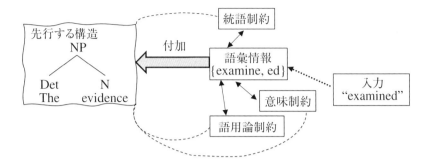

図 1：制約ベースの文処理モデルの例．形態分析された入力を，先行する構
　　　造にどのように組み込むか（付加するか）の選好について，統語・意
　　　味・語用論などがそれぞれ重さづけをもって影響を与える

　さらに，単語からの語用論的推論だけではなく，あらかじめ与えられた文
脈情報も早い段階から視線の動きに影響することが知られている．例えば
Spivey et al.（2002）は以下の（13a）のような軽いガーデンパス効果のある
局所的に曖昧な文と，（13b）のような曖昧でない文を比較した．

(13)　a.　Put the apple on the towel in the box.
　　　b.　Put the apple that's on the towel in the box.

（13a）では on the towel が put の目標項（タオルの上に置く）なのか，
apple に対する連体修飾語（タオルの上のリンゴ）なのか，入力時点では局
所的にあいまいである．日本語の後置詞と違い，英語の前置詞の多くは連体
的にも連用的にも使えるからである．しかし put は動作主，主題，目標を
要求する 3 項動詞なので，最少付加の原則により，統語的な選好としては
on the towel を put の目標項と捉えるということになる．もし on the towel
を apple への連体修飾語だと考えてしまうと，put の目標項が別に必要と
なって節点の数が増えるからである．しかし，Spivey らは文脈を与えれば
連体修飾が最初から選好されうる可能性を検証した．Spivey らは図 2-A，B
のような絵を実験参加者に視覚提示しつつ，（13a）または（13b）のような
実験文を聴覚提示し，視線の動きを計測した．こういった，言語材料を聴覚

刺激として与えて視線を計測することで実時間文理解の実際を研究する方法
論を「視覚世界パラダイム (Visual World Paradigm)」と呼ぶ.

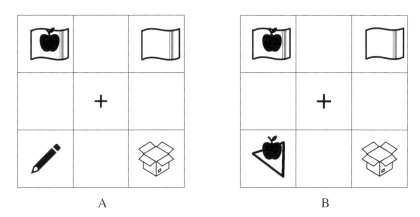

図 2 : Spivey et al. (2002) の視覚提示材料のスキーマを再現したもの. A
　　　はターゲット指示物が単一の条件, B はターゲット指示物 2 つの条件

　この実験ではまず A または B のような絵のどちらか一方が視覚提示され,
全体のアイテムを見渡す時間を与えられたあと, その後 (13a) または (13b)
のような文が聴覚刺激として与えられた. 指示により視線は最初は中央の+
に置かれるが, その後ターゲット文が続くと, 視線が聴覚刺激とともに実時
間上で動く. 結果としては, 図 A でも B でも, 曖昧性のない (13b) では
the apple that's on the towel が与えられると視線は左上のタオルの上のリ
ンゴのほうへ移動し, in the box が与えられると右下の空の箱に迷わず視線
が移動した. また右上の, 何も乗っていないタオルへ視線が移動する確率は
低かった. (13b) では on the towel が apple を修飾しているのは統語的に
明らかなので当然である.
　では局所的に曖昧な (13a) ではどうだったか. 図 A の条件では, 視線は
聴覚刺激の the apple の後でリンゴに移ったあと, on the towel が与えられ
ると, 典型的には右上の何も乗っていないタオルのほうへ移動し, in the
box で右下の空箱に移動した. すなわち, on the towel が put の目標項と
初期解釈され, in the box で再解釈されるという軽度のガーデンパス効果が

視線移動のパターンとなって現れた.

　注目すべき点は，図 A においてリンゴはあらかじめタオルの上に乗っているにもかかわらず，on the towel の目標項読みが視線移動において観察されたということである．ここでは最少付加のような統語構造の経済性による原則が強く働いていると考えられる．しかし，図 B の条件下における曖昧文 (13a) の聴覚提示においては，典型的には右上の空のタオルへの視線移動はなく，空箱への直接の視線移動が見られた．これは図 B で与えられる世界文脈においてリンゴが 2 つある状況下で the apple という定名詞句を聞いた場合，対象を絞るべき限定的修飾句が必要とされるからだと考えられる．言ってみれば Crain and Steedman (1985) の研究で見られた「節約の原則」による定名詞句の限定修飾読みの忌避の，ちょうど裏返しの現象である．つまり，限定修飾された定名詞句はそれと対比される指示物の存在が前提として設定されなければならないため，文脈が無い場合は節約の原則により忌避されるが（図 A と (13a) の組み合わせ），図 B ではその「前提」があらかじめ視覚情報として与えられているため，むしろ定名詞句の限定修飾解釈が駆動されるということである．

　以上，本節で見た様々な意味論・語用論的制約による選好現象は，実時間上の統語解析において必ずしも統語的な経済性や制約が最優先の駆動要因となっているわけではないことを示している．また，読み手がガーデンパス文において文法的に適格でない構造解釈を保持するという Ferreira et al. (2002) の研究（「これくらいで十分」解析 ('Good-enough' parsing)）や，作業記憶の限界により非文法的な文を文法的な文と同程度に容認するという Gibson and Thomas (1999) の研究（構造忘却 (structural forgetting) の効果）もあり，言語運用である実時間文処理には狭い意味での言語知識以外の様々な要因や制約が関わっていることが分かっている．「これくらいで十分」解析や構造忘却は単なる解析の失敗とみなすことも可能かもしれないが，この節で取り上げた定冠詞が駆動する前提解釈の効果や，有生性による主題効果のフィット効果，そしてあらかじめ与えられた文脈に左右される統語構造の選好などの現象は，言語知識から完全に独立した現象と考えることは難しく，完全に「言語外」のアルゴリズムに基づくとは言い難い．そこに浮かび

上がる構図は，統語計算システムが運用に「指示 (instruction)」を与える
(Chomsky (1995)，本章注 2) というよりは，運用システム側が統語解析の選
択・選好に関して統語計算システムにチェック機能を果たしてもらっている
というものである．[9] もし現実の言語運用がこのようなアーキテクチャのも
と動いているならば，統語システムそのものの成り立ち（すなわち，なぜ統
語システムは今ある形に形成されたのかという問い）についても，運用から
の要請という観点から検証することに大いに意義があると考えられるだろう．

5.　作業記憶と文処理

　さて前節では局所的曖昧性を含む文に対してどのように統語解析器が働く
かを検証する研究（ガーデンパス現象の研究）をいくつか取り上げて議論し
たが，ここ 20 年はむしろ曖昧性のない言語刺激の処理を対象とする研究が
多いようである．例えば (1) に挙げた例文の対（下に再掲）は曖昧でもガー
デンパスでもない（厳密に言えば who は局所的に曖昧であるが）．

(14)　a.　The girl who John loved died yesterday.
(= 1)　b.　The girl who loved John died yesterday.

(14a) を「目的語抜き出しの関係節 (object-extracted relative clause)」（以
後 ORC)，(14b) を「主語抜き出しの関係節 (subject-extracted relative
clause)」（以後 SRC) と呼ぶ．両者は意味は異なるが，同じ単語で構成さ
れる非曖昧文である．どちらもガーデンパス効果を引き起こさないものの，
第 2 節で触れたように母語話者にとって ORC のほうが SRC よりやや難し
いということが古くから報告されている (Ford (1983)，King and Just (1991)，
Wanner and Maratsos (1978) など)．同じ単語は同じ読み時間を要するという
仮定のもとでは，もし両者の読み時間が有意に異なるならば，その違いは統

---

　[9] そう考えると，言語の実時間理解のシステムは，派生モデルである最小主義生成文法
よりも，制約ベースである最適性理論 (Legendre et al. (2001)，Sells (2000)) との相性が良
い可能性もある．

語構造に起因するということになるが，統語理論は読み時間や読みの難しさを予測する理論ではないので，当然運用メカニズムにその原因を求めなければならない．ORC が SRC よりやや難しく読みに時間がかかるという事実については，視点の移動 (perspective shift) (MacWhinney (1977))，基本語順 (canonical word order) (MacDonald and Christiansen (2002))，作業記憶負荷 (Gibson (2000), Grodner and Gibson (2005)) などの説明が提唱されているが，ここでは作業記憶負荷について概観する．

　文処理における作業記憶負荷の理論には様々なものがあるが，共通する前提はまず，文理解にも一種の「完全解釈の原理」があり，文中のすべての語は同じ文中の他の語と何らかの文法関係を結ばなければならない（どの語とも関係性をもたない語が文中にあってはならない）という仮定である．しかし統語構造の再帰性ゆえ，文法関係を結ぶべき語 w_1 と語 w_2 が線形に隣接していないことがしばしば起こる．その場合，語 w_1 はいったん作業記憶に保持され，のちに w_2 に遭遇した段階で w_1 が回収され (retrieved)，文法関係が結ばれて解釈がなされると仮定される．その場合，w_1 と w_2 の間の文法関係の統合 (integration) の負荷が w_1 と w_2 の間の「距離」の関数として規定されると考えられる．この「距離」をどのように捉えてどのように定量化するかについては様々な説が提唱されており，例えば Gibson (2000) の依存の局所性理論 (Dependency Locality Theory; DLT) では，「新しい談話指示物 (new discourse referent)」の導入および存在が処理資源のコストとして定量化される．入力となる単語が代名詞以外の名詞であったり，時制付きの動詞であったりすると，新しい談話指示物が聞き手の言語理解のモデルの中に導入されるのでコストがかかる（これを仮に 1 エナジー・ユニット (EU) と仮定する）．一方，文法依存関係にある w_1 と w_2 の「距離」のコストについては，w_1 と w_2 の間に存在する新しい談話指示物の数だけ EU が消費されるとの定量的仮定がなされた．つまり，この算出方法では，冠詞や前置詞，代名詞，形容詞などの語は距離の算定には寄与しない．(14a, b) の関係節内を見てみると，SRC の (14b) については文法依存関係にある語どうしがすべて隣接している (who-loved, loved-John) ので「距離」がもたらす作業記憶負荷は 0 EU ということになる．一方，ORC の (14a) につ

いては，John-loved は隣接しているが，who に関しては，もし痕跡 *t* を
loved の補語位置に仮定すると (who John loved *t*)，主題役割付与関係にあ
る loved-*t* は隣接しているものの，wh 移動鎖の who-*t* は隣接しておらず，
John と loved という 2 つの新談話指示物が間にあるために，「距離」がもた
らす作業記憶への負荷としては 2 EU となる．この差が SRC と ORC の負
荷の違いとして定量化されることになる．なお，John および loved それ自
体も導入時に新談話指示物としてモデルに組み込まれるので，それぞれ 1
EU を消費するが，それは SRC でも ORC でも同じ条件なので処理の違い
を生まない．これらの定量予測は，自己ペース読み実験の結果とおおむね
合っていたと Grodner and Gibson (2005) は報告している．

　もっと極端な例は，中央埋め込みの例である．同じ単語を使った関係節の
埋め込みでも，関係節が文中にある（中央埋め込み）ほうが右端にある（右
枝分かれ）よりも理解が難しいことは昔から知られている (Chomsky and
Miller (1963), Yngve (1960))．ヒトの作業記憶容量は限定的なので (Kimball
(1973), Daneman and Carpenter (1980))，中央埋め込みを 2 回繰り返すだけ
で文処理は破綻する．例えば (2) に挙げた対（以下に再掲）を比べられた
い．

(15) a. The patient criticized the doctor [$_{RC}$ who hired the nurse [$_{RC}$
(= (2))　　 who is mean]].

　　b. The nurse [$_{RC}$ who the doctor [$_{RC}$ who the patient criticized *t*]
　　　　 hired *t*] is mean.

この 2 文は同一の単語群で構成されており，主題関係からみた意味も同じ
である（「患者が医者を批判した」「医者が看護婦を雇った」「看護婦はあま
り役に立たない」）．また，2 つの関係節が入れ子になっているという点も同
じである．それにもかかわらず，(15a) は理解可能な文だが，(15b) はほと
んど理解不能である．これを DLT に基づいた依存関係の距離の定量化を行
うと下のようになる．

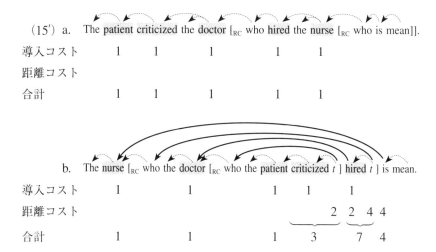

（15′）a. The patient criticized the doctor [RC who hired the nurse [RC who is mean]].

導入コスト	1	1	1	1	1
距離コスト					
合計	1	1	1	1	1

b. The nurse [RC who the doctor [RC who the patient criticized *t*] hired *t*] is mean.

導入コスト	1	1	1	1	1
距離コスト				2	2 4 4
合計	1	1	1	3	7 4

前述したように，DLT では代名詞でない名詞や時制付きの動詞（網掛けの語）が新談話指示物を導入すると仮定し，それ各々に 1 EU の処理資源が消費されるとするが，（15′a, b）ともに同じ単語が使われているので，その点では違いがない．さらに文法依存関係の距離のコストとして，間にある新談話指示物の数だけ EU が消費されると仮定されているが，（15′a）ではすべての依存関係が局所的なので，距離コストはかからない．一方，（15′b）では，動詞および移動の痕跡が大きな距離コストを発生させ，criticized *t* では距離コスト 2 EU[10]（新談話指示物導入コストと合わせて 3 EU），hired *t* では距離コスト 6 EU（新談話指示物導入コストと合わせて 7 EU），主節の is では距離コスト 4 EU が発生する．このように動詞領域において大きい距離コストがかかるため，2 重中央埋め込みが処理の破綻につながることが説明できる．こういった依存関係統合時における作業記憶からの回収コスト（retrieval cost）の理論には DLT のほかに様々なものがあり，回収ターゲットが遠い場合にターゲットと同様の文法素性を持つ語が干渉効果（類似干渉（similarity-based interference））を引き起こす「キューに基づく回収理論

---

[10] 痕跡 *t* は音形がない（入力として存在しない）が，動詞の段階で目的語位置に痕跡が設定されて処理されると仮定する（cf. Stowe (1986)）．

(Cue-based Retrieval Theory)（Van Dyke and Lewis (2003)）」や，局所性効果を時間経過による記憶の減衰に求める説（Vasishth and Lewis (2006) など）もある．ただ，(15) に関して DLT の定量的予測が興味深い点が，Gibson and Thomas (1999) によって指摘されている．彼らは (15b) のような 2 重中央埋め込み文を使い，3 動詞がそろっている文法的な文と，動詞が 1 つ欠けている 3 種類の非文法的な文の容認性を比較したところ，動詞が欠けている条件のうち，2 番目の動詞が欠けた 2 動詞非文だけが 3 動詞がそろった文法的な文と同じレベルの容認度を示したと報告している．(15′b) を見て分かるように DLT の定量的予測では 2 番目の動詞領域（ここでは hired *t*）がもっとも処理負荷が高いので，処理負荷が高いところが樹形図の中で刈り込まれやすいと仮定すればこの結果に対する自然な説明となる．

　またこれらの記憶資源の利用の経済性に関する原理は，前々節で見た統語解析の経済性の原理を動機付ける．例えば (5d) の主動詞 V と主語 the woman の間の依存関係統合の作業記憶負荷を考えると，最少付加の原理に従って sent を主動詞 V と考える場合 (16a) と過去分詞と考えて主動詞 V を別に設定する場合 (16b) では以下のようになる．

(16) a.　The woman [v sent] the letter ...

　　 b.　The woman sent the letter [v ...]

(16a) では依存関係が隣接しているため距離のコストは 0 だが，(16b) の距離コストは sent と letter で 2 EU，時制がない sent を除外しても 1 EU なので，作業記憶の負荷からして (16a) が選好されることとなる．そう考えると，最少付加の原理は作業記憶資源についての局所性理論に還元できることになり，独立した原理として立てる必要がなくなる．新近性の原理についても同様に，作業記憶をもとにした原理に還元できる可能性が出てくるだろう．

　このように考えると，生成文法などの統語理論で言われる相対最小性（Relativized Minimality）（Rizzi (1990)）や最短移動（Shortest Move）(Chomsky (1993)）などの経済性の原理は作業記憶資源の有限性に動機づけられているという可能性も考えられ，Ortega-Santos (2011) は前者につい

てそのように主張している．ちなみに島の制約 (Island Constraints) (Ross (1967)，Chomsky (1973, 1986a) など) については，言語運用の制約に還元できるかどうかについて多くの議論があり (Kluender and Kutas (1993)，Hofmeister and Sag (2010)，Phillips (2006)，Sprouse et al. (2012) など)，決着は付いていないが，たとえ島の制約自体が言語運用に還元できなかったとしても，島の制約の成り立ちに生物学的な制約である運用の制約が関わっている可能性を単純に否定することはできないだろう．

6.　予測処理と統語解析

　さて，前節で見た局所性の効果は，「依存関係が長距離になるほど，依存関係統合の時点で処理負荷が高まる」ということで，その考え方は直感的にも納得できることであろう．しかし，命題レベルの文法依存関係の統合が動詞を軸として行われるため，動詞が節の最後に位置している場合に依存関係の統合が節末に集中してしまうことが予測される．図 3 の例を見てみると，SVO 言語の場合，統合のポイントは V，Object，Oblique に分散されるが，SOV 言語の場合，すべての統合が動詞に集中するうえに，文頭の主語と文末の動詞の距離が遠くなってしまう．

Subject V Object Oblique　　　　Subject Oblique Object V

SVO 言語　　　　　　　　　　　SOV 言語

図 3：文法依存関係の統合のモデル

　つまり，主要部後置言語は主要部前置言語より一般に作業記憶への負荷が大きいということになってしまう．しかし一方では SOV 言語が世界の言語の約半数を占めるという言語類型論的事実 (Greenberg (1963) など) があり，依存関係統合の負荷の予測とうまく整合しない．事実，動詞後置言語では前節で見たような依存関係統合の局所性効果は見られないという報告が数多くある（ドイツ語では Konieczny (2000)，Konieczny and Döring (2003)，ヒンディー語では Vasishth and Lewis (2006)，日本語では Nakatani and Gibson (2008, 2010)

など）．その一例として Nakatani and Gibson (2010) の日本語の自己ペース
読文実験[11] を見てみよう．そこでは，日本語が主題関係的な意味を変化さ
せずにかき混ぜによって語順を変えられることを利用して，以下のような 4
つのレベルの埋め込み構造を比較した．（スラッシュはボタン押しごとの提
示の境界を示している．それぞれの文は主節に続くが以下では省略してい
る．なお，Comp は補文標識「と」に対応する．）

(17) a. 2 重中央埋め込み：

[NP1 [NP2 [NP3 V3 Comp] V2 Comp] V1]

書記が／代議士が／首相が／うたた寝したと／抗議したと／報
告したので／…

b. 1 重中央埋め込み (1)：

[NP2 [NP3 V3 Comp] V2 Comp] [NP1 V1]

代議士が／首相が／うたた寝したと／抗議したと／書記が／報
告したので／…

c. 1 重中央埋め込み (2)：

[NP1 [NP3 V3 Comp] [NP2 V2 Comp] V1]

書記が／首相が／うたた寝したと／代議士が／抗議したと／報
告したので／…

d. 中央埋め込み無し：

[NP3 V3 Comp] [NP2 V2 Comp] [NP1 V1]

首相が／うたた寝したと／代議士が／抗議したと／書記が／報
告したので／…

ここでは様々な予測が可能であるが，話を簡単にするために構造上一番上の

---

[11] 自己ペース読文実験 (self-paced reading experiment) とは，実験参加者が隠された文
を，自分のペースでスペースバーなどを押すことによって読み進める実験のことである．
初めは PC モニター上では文はハイフンなどで隠された状態で，参加者がスペースバーな
どを押すと，左端の 1 つの領域（単語や単語群）があらわになる．もう一度押すと今あらわ
になった領域は再びハイフンで隠されて，次の領域が現れる．これを繰り返すことによっ
て文を読み進める．ボタン押しのタイミングが領域ごとの読み時間として記録される．

V1 に注目すると，対応する主語 NP1「書記が」との位置関係は (17a, c) においては 4 つの新談話指示物があいだにあるので距離のコストは 4 EU であるのに対し，(17b, d) では NP1 は V1 に隣接しているので距離コストは 0 EU，ただし Comp と V1 の依存関係統合を考えるとコストは 1 EU ということになる．よって，V1 領域の読み時間は (17a, c) が (17b, d) に比して跳ね上がることが予測される．こういった材料文を自己ペース読文実験で計測したところ，図 4 のような結果となった．ここから見て取れるとおり，V1 においては統計的な有意差はなかった．また，(17a) の読み時間の全体的なパターンに注目すると，NP1，NP2，NP3 では統合処理は行われないので距離コストは 0 EU のはずであり，統合処理が行われる動詞領域に関して言えば，V3 は距離コストは 0 EU，V2 では距離コストは 2 EU，V3 では 4 EU と予測され，NP1 から V3 までは平坦，その後 V2，V1 と急激に処理負荷が上がり，読み時間が大きくなるはずである．ところが実際は，NP3 を頂点として NP 領域で読み時間が段階的に増大し，その後，統合処理が行われて段階的に負荷が増大するはずの動詞領域で段階的に読み時間が減少していった．これはどういうことだろうか？

　これまで文法依存関係の統合に焦点を当てて統語解析を見てきたが，ここに抜け落ちている視点がある．予測という視点である．ヒトの文処理を特徴づける特性の一つに，局所的曖昧性があっても入力を構造解析する「逐次性 (incrementality)」があることは前述した通りだが，実は入力を逐次処理するだけではなく，まだ見ぬ入力も予測して先読みするのである．特に SOV 言語の場合，動詞が節末に来るわけだが，逆に言えば項が先行するわけなので，それら項を組み上げれば動詞を見ないうちから項構造の骨組みを構築することができるのである．例えばドラマ主題歌にもなったシンガーソングライター宇多田ヒカルのヒット曲に「花束を君に」(2016) というタイトルのものがあるが，この「項のみ」のタイトルを聞けば動詞が省略されていても，授与動詞が隠されていることは容易に想定できる（実際の歌詞では「贈ろう」と続く）．また，ディズニー映画「ピノキオ」の主題歌 *When You Wish upon a Star* (1940) の邦題は「星に願いを」である．ここでも項のみが曲名を構成しているが，動詞が省略されていても問題がない．このように，SOV 言

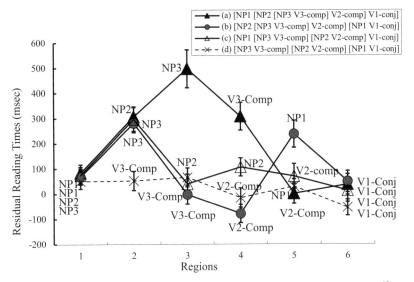

図 4：Nakatani and Gibson (2010) における各領域の残差読み時間.[12] エ
　　 ラーバーは標準誤差

語ではすべての項・付加詞が動詞に先行するがゆえに，逆に，動詞の予測が
容易なのである．そう考えると，Nakatani and Gibson (2010) の中央埋め
込みの読文実験において，NP 領域で読み時間が累積的に増大し，動詞領域
ではむしろ読み時間が減少していったという結果となったことも納得がいく
だろう．日本語では主格名詞句が統語解析において節境界の始まりを導くこ
とが知られているので (Kamide and Mitchell (1999)，Miyamoto (2002))，(17)
の刺激文に対してガ格名詞句のたびに新しい節が構造として設定されて対応
する動詞が予測され，その予測が未完成の依存関係として作業記憶に蓄積し
てゆき，動詞に遭遇すると依存関係が解消するので作業記憶から解放される

---

[12] 残差読み時間 (residual reading time) とは，各参加者の各領域の，文字数から読み時
間を予測する直線回帰式を立てて，実際の読み時間との差をとったものである (Ferreira
and Clifton (1986))．残差読み時間が 0 ミリ秒ということは文字数から予測される平均的
な読み時間と実際の読み時間が同じということであり，正の値だと予測される平均の読み
時間より遅く，負の値だと速いということである．

156

と考えることによって，NP と V の読み時間のパターンが説明できる．[13]

　読み手が実際に予測処理を行なっていることを示した初期の代表的な研究として Kamide et al. (2003) がある．Kamide らは，視覚世界パラダイム（第4節参照）を用いて，実験参加者に以下のような文を聴覚刺激として与えつつ，絵を視覚提示し，視線を計測した．

　(18) a.　与格条件：
　　　　　ウェイトレスが　客に　楽しげに　ハンバーガーを　運ぶ
　　　 b.　対格条件：
　　　　　ウェイトレスが　客を　楽しげに　からかう

絵の中では4つのオブジェクトがお互いにおよそ等距離に配置された．4つのオブジェクトは，(i) ナプキンを持ったウェートレスらしき女性，(ii) テーブルに着席した背広姿の男性，(iii) 着席した男性とは別の場所のテーブルにあるハンバーガー，(iv) ゴミ箱，であった．実験参加者の視線は，「ウェートレスが」が聞こえるとオブジェクト (i) に，「客に」が聞こえるとオブジェクト (ii) に視線を移動させる確率が当然高くなる．この研究の主眼は，「楽しげに」の段階で何が起こるかであった．結果として，(18) の「客」が与格標識「に」を付与された (18a) のほうが，対格標識「を」を付与された (18b) よりも，オブジェクト (iii) に視線を送る確率が有意に高かった．ここで重要なのは，「楽しげに」の段階では「ハンバーガー」は聴覚刺激として与えられていないということである．また，その段階では (18a) と (18b) の違いはわずかに「に」と「を」の違いだけであった．それにも関わらずオブジェクト (iii) への視線移動のパターンに有意な違いがあったということは，聞き手が格標識を元に主題関係をあらかじめ予測して処理していることを示している．

　このような予測処理を定量的に予測するモデルとしては「意外性 (surprisal)」の理論に基づくものが代表的である (Hale (2001), Levy (2008))．この

---

[13] ただし (b) 条件で NP1 の読み時間が予測よりはね上がっていることはうまく説明できない．今後の研究が待たれる．

理論では，聞き手はそれまでに入力として与えられた1番目からi番目までの単語$w_{1...i}$を処理した結果に基づき，次の入力に何が来るか，可能な構造を予測し，それらを経験，文脈，文法知識などから算出した確率分布（probability distribution）P_iに従って文処理資源を割り当てる．その後実際の入力w_{i+1}があると確率分布はP_{i+1}として更新される．その後も新しい入力があるたびに確率分布Pは更新される．ある入力w_iの処理負荷は，P_{i-1}からP_iに更新する際にどれくらいの大きさの変更が必要かという程度によって定量化される．つまり，P_iにおいてP_{i-1}から大きな変更をしなければならないということは，w_iが「意外」であるということで処理負荷が生じ，さほど変更の必要がないというのはw_iが「想定内」であるということで処理負荷がかからない．具体的には，w_iに対する処理負荷は「$w_{1...i-1}$と文脈」をもとに算出された条件付き確率（下に引用する数式において$P(w_i|w_{1...i-1}, \text{CONTEXT})$と表されるもの）の負の対数に比例する（∝）と規定される．

(19)　difficulty ∝ $-\log P(w_i|w_{1...i-1}, \text{CONTEXT})$　(Levy (2008: 1130))

確率Pは1以下の正数なのでPが小さければ小さいほどその負の対数は大きな値となる．w_iの期待値が低ければ，つまり「意外性（surprisal）」が大きければ，実際にその語に遭遇したときに処理負荷も大きくなる．

　こういった予測処理の観点から日本語の逐次的処理を考えると，例えば「タカシが」といった主格名詞句に遭遇すると，その後に続く構造の可能性（1項動詞構造，2項動詞構造，3項動詞構造，能動構文，受動構文，etc.）は非常に多いのであまり予測を絞ることはできないが，しかし，次に「彼女に」とくると，続く構文は「彼女」を受け手にするような構造に重みが置かれるような確率分布が設定される．「花束を」とくればその予測にはほぼ沿っているので，困難を伴わず処理され，その後に授与動詞構造（特に「花束」からの語用論的連想から贈呈に関する授与動詞）が高い確率で続くと期待される．そこで「贈った」と来れば確率分布の更新は少なくて済むので処理負荷は小さいが，「撒き散らした」のような語にはごく小さな確率しか想定されないので，実際に遭遇すれば確率分布の大幅な見直しが必要となり，困難

158

を生ぜしめる．第3節で議論した統語構造ベースの選好も，第4節の意味・語用論の影響も，この確率分布と「意外性」の枠組みで捉えることができるかもしれない．

　では本章で取り扱ったすべての現象がこのような予測処理から来る負荷に還元できるかというと，Levy (2008) 自身が指摘するようにそこまでは言えない．予測処理の理論によれば，文が進み入力が累積されると予測が絞られるので処理が速くなると考えられるが，実際，一般的な読文ではそのような傾向が見られ，これは位置効果 (position effect) と呼ばれる (Ferreira and Henderson (1993))．しかし Grodner and Gibson (2005) などが報告した英語における依存関係統合の局所性効果は，「期待される語が後回しになるほど負荷が高くなる」という効果なので，予測処理のモデルでは説明できない．例えば Grodner and Gibson は主語と動詞の間に関係節が挟まると動詞の読み時間が増大する現象を報告しているが，期待という観点からすると，主語の直後よりも主語に後続する関係節の後の方が動詞に対する期待が高まるはずである．ドイツ語やスペイン語についても，刺激や参加者の記憶容量の違いを統制すれば局所性効果が観察できるという報告があり (Levy and Keller (2013), Nicenboim et al. (2016))，また，典型的な SOV 言語である日本語についても，主述関係よりも高次の文法依存関係，例えば wh-Q 関係 (Ono and Nakatani (2014)) や否定極性項目と否定辞の認可関係 (Nakatani (2021a, 2021b)) には局所性効果が見られるという報告がある．こういった局所性効果は単純に確率分布だけでは説明できないので，未遭遇の構造を予測する処理と既出の情報を統合時に回収する処理がどのようなバランスで働き，どのような条件下でそのバランスが崩れるのか，今後のさらなる研究が望まれる．

7.　まとめ

　本章では言語運用と統語論のインターフェイスという観点から統語解析に関する主だった研究を取り上げた．第1, 2節で主に触れたように，一般に理論言語学で「インターフェイス」と言うとき，生成文法で言う linguistic competence すなわち言語能力・知識の枠組み内での接点を議論することが

多い（例えば「LF は統語論と概念‐意図 (conceptual-intentional: C-I) システムとのインターフェイスである」と言うように）．しかし，言語運用と統語論のインターフェイスを経験的に検証しようとすると，実時間に沿って言語を処理するという「実際的な現実」において，広い意味でのことばを司るアーキテクチャが言語知識をどのように運用するかということが問題になる．つまり，「言語理論から見た運用」ではなく，「運用から見た言語知識の役割」と言う意味での「現実的で実際的なインターフェイス」と向き合う必要がある．第 3 節ではガーデンパス効果を通して統語論の知識が統語解析を駆動しているように見える現象を紹介したが，第 4 節で明らかになったように，実際の統語解析は必ずしも「統語論ファースト」で突き動かされているわけではなく，語彙項目にまつわる世界知識，構造が導く語用論的推論，はたまた眼前に提供された文脈などが統語論的知識とともに制約として統語解析を導き，時には文法的な適格性を上書きしてしまうことさえあるのである．また第 5 節で明らかなように，記憶資源の有限性という生物学的な制約が統語解析の経済性を動機付けているという側面もあり，さらには第 6 節で見たように，記憶資源の制約の中で予測処理が統語解析の効率性を導いているという現象もある．

　このような統語解析にまつわる「全体像」から俯瞰した場合，linguistic competence という意味での言語能力・知識の位置付けを再考する余地があるように思える．言語能力・知識の理論は統語的適格性条件の理論であるが，第 2 節で述べたように，適格性の判断自体は運用を通してなされる．しかし，だからと言って「文法的適格性の理論は運用の理論である」と考える生成文法研究者はいないだろう．それは運用に左右されない「理想化された文法的適格性の知識」の存在が前提になっているからである．第 2 節で議論したように，その「理想化された文法的適格性の知識」の存在は決して幻想ではない．実験による客観的に定量化された行動指標では測れない「単純な運用とは質的に異なる判断」は確かに存在すると考えるのが自然だろう（例えば This guy are clever と This water is clever はともにおかしな文であるが，その「おかしさ」の質的な違いを定量的に数値で捉えるのは容易で

160

はない）．[14] このことを前提とした上で，ではその理想化された適格性判断の範囲はどこからどこまでなのか，その適格性判断に基づく言語能力・知識の形成を駆動した要因は何なのか，この半世紀の間に蓄積された心理言語学の様々な知見と照らし合わせて再考するのは無駄な試みではないだろう．

Chomsky（2005）は，言語機能の研究を生物言語学として確立するために，I-言語を決定づける3つの要因の相互作用を真剣に検証する必要性を説いている．3つの要因の1つ目は遺伝的資質（genetic endowment），すなわちUGであり，2つ目は経験（experience），そして3つ目は言語外の原理（principles not specific to the faculty of language）である．Chomskyが重要性を強調する言語機能の決定に関わる「第3の要因」が具体的に何を指すのかは議論があるところであり，これが生物学的資質を超越した「自然法」「物理法則」を意味するならば（cf. Chomsky（2011）），心理言語学の諸問題は生物学の問題なので対象外ということになる．しかし言語という，認知システムの中では高次に属する心理的過程が，そのシステム形成において様々な生物学的な要因の影響を受けていないと考えることはむしろ不自然であろう（cf. Johansson（2013））．その意味でも，実時間上で逐次的に言語を処理することを可能にするヒトの「広い意味での」言語にまつわるアーキテクチャがどのようになっているかをつぶさに検討することは意義あることであろうし，また，理想化された適格性条件を提供する言語能力の理論がその運用アーキテクチャの中にどのような位置を占めるのか，今後も引き続き慎重に検証すべき問題であろう．

---

[14] 前者は形態統語論の問題で後者は世界知識に関する問題であるが，こういった「質的」な違いについて脳神経科学的な実験によって区別する指標を確立しようとする動きは古くからあり（例えば Kutas and Hillyard（1980），Osterhout and Holcomb（1992）），将来的には文法的適格性とそれ以外の適格性の質的な違いを定量的に明確に区別する手法が開発されるかもしれないが，現時点ではそこまでの精度は達成できていないと思われる．

第 5 章

カートグラフィーと情報構造のインターフェイス[*]

中村浩一郎 (名桜大学)

1. はじめに

　本章では Rizzi (1997) によって始められた統語構造分析であるカートグ
ラフィー (正式には the cartography of syntactic structure) と情報構造 (In-
formation Structure, 以下 IS) とのインターフェースについて論じる. カー
トグラフィーでは世界の諸言語のトピック・フォーカス構造が分析されてい
る.[1] しかし, トピック・フォーカス構造は IS の分野でも詳細な分析がなさ
れている. Büring (2016: 445-446) は IS を統語表示であるととらえてい
るが, 「プロソディー部門にあるアクセント, イントネーションなどの音韻
的要素が IS realization として IS と関連している. さらに, 語用論の部門
にある適切性条件, 慣習的含意などの語用論的要素が IS interpretation とし
て IS と関連している」と論じている. 福田・中村・古川 (2018: 2) がカー
トグラフィーを「構造と意味の関係を捉えるために地図を描くかのごとく詳
細な構造分析をする」と定義することを考えると, カートグラフィーはあく

---

　[*] 本章は部分的に JSPS 科研費 19K00666 と JSPS 科研費 19K00557 の助成を受けてい
る. 草稿に対して有益な助言をいただいた福田稔, 古川武史両氏に感謝申し上げる.
　[1] 実際には左端部 (left periphery) とも呼ばれる CP 構造だけでなく, IP と副詞, 主語,
動詞句, 終助詞など扱う現象は多岐に渡る. Endo (2007), 遠藤 (2014), 遠藤・前田
(2020) などを参照されたい.

162

までも統語構造分析としてとらえるべきである．一方，IS は Féry and Ishihara (2016: 1) が「意味論，語用論，統語論，形態論，そして音調論といった理論言語学の分野だけでなく，発話者の世界に対する心理的な認知のような言語の枠を超える側面とも関わる」と述べるように，それ自体が統語構造，意味，音韻から語用論的部門とのインターフェイスの役割を果たす．また，IS 分析は意味論・語用論あるいは音韻論的観点からの分析が主流であり，統語構造構築に関する分析はさほど見られない．このことから，IS は統語分析とはとらえず，むしろ統語構造と様々な部門との相関関係を示す部門としてとらえる．これを前提として，本章ではカートグラフィーと IS とのインターフェイスについて，歴史的経緯から最新の研究成果も踏まえ論じていく．

2. カートグラフィー (The cartography of syntactic structure)

2.1. カートグラフィー分析の歴史的背景

カートグラフィー分析は Rizzi (1997) により実質的に開始されたと言われている．[2] しかし，そこに至るまでに，Wh-移動やトピック・フォーカスに関する様々な統語的分析がなされている．この節では，遠藤 (2014)，原口・中村・金子 (2016)，福田・中村・古川 (2018)，遠藤・前田 (2020) などに基づいて，Rizzi (1997) に至るまでのトピック・フォーカス分析の歴史的展開を概観する．

2.1.1. 主節のトピック・フォーカス構造の統語的分析
2.1.1.1. Gundel (1974)

英語のトピック・フォーカス構造に関する最初の包括的な研究は，Gundel (1974) であると言われている．この節では，その分析を概観する．Gundel (1974: 143) は，次のようにトピックとフォーカスを明確に区別する．

---

[2] Sazabolcsi (1997) もカートグラフィー分析と同じ流れであるが，"Minimalist Approach" と称していたためカートグラフィーの枠組みとは見なされないことが多い．

(1) a.　John she CALLED.

b.　JOHN she called.

(2) a.　(As for) John, she called him.

b.　It was John that she called.

(1a) は話題化 (topicalization) の例であり，(2a) がそのパラフレーズにな
りうる．一方，(1b) はフォーカス移動の例であり，(2b) がそのパラフレー
ズである．Gundel (1974) は，(1a) のような操作を topic topicalization
(以下 TT)，(1b) のような操作を focus topicalization (以下 FT) と呼び，
厳密に区別している．通常，(1a) のような操作では前置された要素はコン
マで区切られる．また，(1b) のような操作では，前置された要素には強勢
が置かれる．次に，Gundel (1974: 145) からさらなる例を挙げる．

(3) A:　Do you want a Chevy?

B:　No.

A:　What about a Mercedes Benz?

B:　(Yes,) a Mercedes Benz I'D LIKE.

(4) A:　What do you want?/What is it that you'd like?

B:　A Mercedes BENZ I'd like.

(3) における 4 つ目の文が TT の例である．(3) では，メルセデス・ベンツ
がすでに話題に上っている状況で，*a Mercedes Benz* が前置されている．
この操作は話題化 (Gundel (1974) の TT) であり，(シェヴィーでなく) ベ
ンツなら欲しいという意味である．一方，(4) では車は話題に上っておらず，
欲しいものは何か聞かれてメルセデス・ベンツと答えている．移動した目的
語には強勢が置かれており，これはフォーカス移動 (Gundel (1974) の言う
FT) である．このように，Gundel (1974) は TT と FT を明確に区別して
おり，その区別は強勢，あるいは前提の有無によっても裏付けられるもので
ある．このようにトピックとフォーカスを区別する考え方は，Rizzi の一連
の研究にも受け継がれている．次節では Chomsky (1977) に触れる．

2.1.1.2. Chomsky (1977)

　遠藤・前田 (2020: 5) は X′ 理論初期のトピック構造の分析として，Chomsky (1977) を紹介している．(5a) に対して，Chomsky (1977) は概略 (5b) のような構造を想定する．また，原口・中村・金子 (2016: 485–486) は Chomsky (1977: 91) が想定する句構造規則 (5c, d) を提示している．

(5) a. These books$_i$ Sam will pick up t$_i$

b. [$_{S'}$ Topic these books [$_{S'}$ [$_S$ [$_{NP}$ Sam] [$_{AUX}$ will] [$_{VP}$ pick up t]]]]

c. R1:S″ → TOP S′

d. R2:S′ → COMP S′/S

遠藤・前田 (2020: 5-6) が述べるように，X′ 理論の進展につれて，内心構造を有さない S′ という範疇は破棄され，補文標識 (complementizer) を主要部とする CP として分析されるようになった．後述するように，談話に関わるトピックなどの要素が統語部門の操作に導入されることとなった．この考え方はカートグラフィーでも踏襲されている．

2.1.1.3. Rizzi (1997)

　ここでは，Gundel (1974) の TT と FT の区別，あるいはトピック‐コメント，フォーカス‐前提構造に基づき，文の機能を精緻に分類した Rizzi (1997) を概観する．Rizzi (1997: 285) は次の英語の例を挙げる．

(6) a. Your book, you should give t to Paul, (not to Bill.)

b. YOUR BOOK you should give t to Paul (not mine)

(6a) はトピック‐コメント形式であり，トピック要素はコンマにより文の以下の部分から切り離されている．一方，(6b) はフォーカス‐前提形式であり，前置された要素はフォーカスの強勢を持ち，新情報を導入する．Rizzi (1997) はこのような英語のトピックとフォーカスの区別を出発点として，イタリア語，スペイン語などの諸言語のトピック・フォーカス構造を分析する．まず，Rizzi (1997: 286) による次の例文を見られたい．

(7) a.　Il tuo libro, lo ho letto
　　　　　'Your book, I have read it.'

　　 b.　IL TUO LIBRO ho letto (, non il suo)
　　　　　'Your book I read (, not his.)

(7a) はトピック構造，(7b) はフォーカス構造を示す．フォーカス要素は強
勢を受けている．次の Rizzi (1997: 290) からの用例では，トピック要素は
1 文に複数生じ得る (8a) のに対し，フォーカス要素は複数生じない (8b)
ことを示す．

(8) a.　Il libro,　　a Gianni, domani,　glielo daro senz-altro
　　　　　'The book, to John,　tomorrow, I'll give it to him for sure.'

　　 b.　*A GIANNI IL LIBRO　　darò (non a Piero, l'articolo)
　　　　　'TO JOHN　THE BOOK　I'll give, (not to Piero, the article)'

さらに，トピックとフォーカス要素は，1 文中に共起することができる．
Rizzi (1997: 291) による (9) に見られるように，イタリア語ではトピック
–フォーカス–トピックの順で生じる．

(9)　　A Gianni,　QUESTO,　domani,　gli　dovrete　　dire
　　　　'To Gianni THIS　　　　　tomorrow you should tell him'

以上のことを踏まえ，Rizzi (1997) は，以下のような機能範疇の階層構造
をイタリア語に対して仮定する．* は複数生起が可能であることを示す．

(10)　[$_{ForceP}$ Force [$_{TopP*}$ Top [$_{FocP}$ Foc [$_{TopP*}$ Top [$_{FinP}$ Fin [$_{IP}$]]]]]]

Force は文のタイプ，すなわち疑問，肯定，命令等を示す．一方，Fin は文
の定形性，つまり finiteness を示す．このような Rizzi (1997) が発端とな
り，世界の諸言語に対するカートグラフィー分析が盛んに行われている．
Rizzi の考えは Rizzi (2004) 以降も基本的には変わっていない．[3]

---

[3] Samek-Lodovici (2015: 48) は以下のフォーカス要素と *Wh* 要素が共起する例を挙げ，
Rizzi (1997, 2004) に対する問題点を指摘している．

2.2. カートグラフイー分析による諸言語の研究成果

　この節では，最近のカートグラフィー分析による諸言語の言語現象に対する分析を提示する．イタリア語，ハンガリー語，グン語，日本語，中国語のトピック・フォーカス構造と，日本語の補文標識と終助詞，中国語の語気助詞についての分析を取り上げる．

2.2.1. イタリア語

　(11B) は (11A) の文を否定し，Maria が着ていたものを *Un ARMANI* であると示し，対照焦点 (Contrastive Focus，以下 CF) として解釈される．

(11)　A:　Maria　si　　　era　messa　　uno　　　straccetto　　di　H&M
　　　　　　M　　REFL　be.PST.3SG　put.PP　a cheap dress　of　H&M
　　　　　　ieri　　　sera
　　　　　　yesterday　evening
　　　　　　'Maria wore a cheap dress from H&M last night.'

　　　B:　Un ARMANI si　　　era　messa,　　　　non
　　　　　　an　Armani　　REFL　be.PST.3SG　put.PP　not
　　　　　　uno straccetto di　H&M
　　　　　　a cheap dress　of　H&M
　　　　　　'An Armani (dress) (she) wore, not a cheap dress from H&M.'
　　　　　　(adapted by Bocci and Avesani (2015) from Bianca and Bocci (2012: 3))

同様に，(12B) では会ったのは *Lucia* ではなく *Veronica* であることが示され，*VERONICA* は CF の役割を果たす．(11B)，(12B) のどちらも前置は Focus Phrase (FocP) への移動であると分析される．

───────────────

(i)　a.　A　chi　　　hai　presentato　GIANNI$_F$?
　　　　To whom (you) have intorduced John
　　　　'Who did you introduce JOHN to?'

(12)　A:　Ho　　　　saputo　che　hai　　　　incontrato Lucia
　　　　　 Have. 1SG　know.PP　that　have.2SG　meet.PP　　Lucia

　　　　　 ieri　　　　Come l'　　hai　　　　 trovata?
　　　　　 yesterday　how her CL　have.2SG　find.PP

　　　　　 'I've heard that you met Lucia yesterday. How did you find
　　　　　 her?'

　　　　B:　VERONICA (*lo)　　　ho　　　　　 incontrato ieri
　　　　　　 Veronica　　　 her.CL　have.1SG　meet.PP　　yesterday
　　　　　　 'It's Veronica that I met yesterday.'

（Bocci and Avesani (2015: 26)）

Bocci and Avesani (2015: 26) は，(11B)，(12B) のような移動は (13) に
示すようにフォーカスと背景，すなわち前提とされている部分を明示するた
めの移動であると述べる.

(13)　$[_{FocP}$ VERRNICA$]_i$ Foc^0 [pro ho incontrato t$_i$ ieri]
　　　 └──────────┘　　　 └────────────────┘
　　　　　FOCUS　　　　　　　　　　BACKGROUND

2.2.2.　ハンガリー語

　ハンガリー語でも，同様にカートグラフィー分析に基づいたトピック・
フォーカス構造に関する考察がなされている．(14b) では，*PÉTERT és
PÁLT* は話者が唯一招待した人であり，exhaustive identificational focus（網
羅的識別的フォーカス，以下 EI-Focus）を示す.

(14)　a.　$[_{FocP}$ KIKET　　[hivtá]　　　meg　ma　　estére]]?
　　　　　　 who-PL-Acc　invited-you　PRT　today night-for
　　　　　　 'Who have you invited for tonight?'

　　　 b.　$[_{FocP}$ PÉTERT　és　PÁLT　　hivtám　　meg]]
　　　　　　 Peter-Acc　and　Paul-Acc　invited-I　PRT
　　　　　　 'It is Peter and Paul that I have invited.'

（É. Kiss (2010: 79)）

168

(15) Q: Who did they call up?

Speaker A: [JÁNOST] hivták   fel
            John-Acc   called-3PL up
            'They called up JOHN.'

Speaker B: Nem igaz. MARIT   is   felhivták
            not   true Mary-Acc also up-called-3PL
            'Not true. They also called up MARY.'

       B′:#Igen. És (felhivták)   MARIT   is.
           Yes.   And up-called-3PL Mary-Acc also
           'Yes. And (they called up) MARY too.'

(Horvath（2010: 1359））

また，(15) では Speaker A は彼らが呼んだのは *John* だけであることを主張するが，Speaker B はそれを否定する．Speaker B は Speaker A の発言における網羅的識別性を否定する．この文脈では，Speaker A の発言に対して Speaker B′ のように返答することはできない．さらに，É. Kiss (2014) はフォーカス移動はフォーカスと background との叙述関係 (predication relation) を結ぶ必要性から生じるとして，(16a) に対して (16b) の構造を想定している．

(16) a. Mari PÉTERT   hivta   fel
         Mary Peter-Acc called up
         'It is Peter who Mary called up.

     b. [TopP Mari [FocP PÉTERT [Foc′ Foc [BgP [Bg hivta [TP fel [T′ T [VP ....]]]]]]]]
                                                              (É. Kiss（2014: 10））

É. Kiss (2014) は，Background Phrase (BgP) はフォーカスフィールドの補部であり，FocP 指定部にあるフォーカス要素と叙述関係を結ぶ役割を果たすと述べている．これは Bocci and Avesani (2015) の分析と軌を一にし

ている.[4]

2.2.3.　ジャマイカン・クレオール

Durrleman and Sholonsky (2015) はジャマイカン・クレオールでは, 構造位置により EI-Focus と情報フォーカス (Information Focus, 以下 IF) の差異を示すことを論じる.

(17) a.　A [wan bami　an　wan bredfrut]　Mieri bai.

　　　　　a　one bammy and one　breadfruit Mary buy

　　　　　'What Mary bought was (only) ONE BAMMY AND ONE BREADFRUIT.'

　　b.　⇏ A wan bami　Mieri bai

　　　　　a one　bammy Mary buy

　　　　'What Mary bought was (only) ONE BAMMY.'

(18) a.　Mieri bai　[wan bami　an　wan bredfrut]

　　　　Mary bought　one　bammy and one　breadfruit

　　　　'Mary bought ONE BAMMY AND ONE BREADFRUIT.'

　　b.　⇒ Mieri bai　　WAN BAMI

　　　　　Mary bought one　bammy

　　　　'Mary bought ONE BAMMY.'

(Durrleman and Shlonsky (2015: 97-98))

(17a) は (17b) を含意しない. つまり, (17a) において移動した要素は EI-Focus であるので, *Mary* が買ったものは *wan bami an wan bredfrut* である. 一方, (18a) にはそのような読みはなく, (18a) は (18b) を含意することができる. このように, カートグラフィー分析が提案する精緻な左端部構造により, フォーカスの解釈とその統語位置との相関関係が明快に説明できる.

---

[4] ポーランド語, ペルシャ語に関する分析は福田・中村・古川 (2018) を参照されたい.

2.2.4. グン語

Aboh（2016: 151）は以下のグン語の例を挙げ，トピック‒フォーカス・マーカーを伴う文構造を，（19b）のようにカートグラフィー分析で説明できるとしている．

(19) a. Náwè   lɔ   yà   gbákún étɔn wɛ   é   ɖè
       woman   Det   Top   hat   her   Foc she remove
       'As for the woman, she took off HER HAT.'

   b.

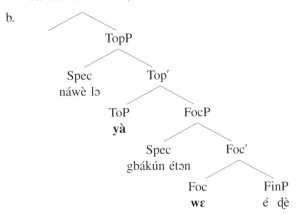

（19a）は（19b）のように表示できる．つまり，グン語ではトピック・マーカーの **yà** とフォーカス・マーカーの **wɛ** が TopP と FocP それぞれの主要部にあり，その指定部にトピック要素とフォーカス要素が生じるのである．

2.2.5. 中国語

中国語は近年最もカートグラフィー分析によるトピック・フォーカス研究が盛んな言語の 1 つであり，Li, Simpson and Tsai（2015），Tsai（2015）を始め様々な研究がなされている．ここでは，Paul and Whitman（2017）によるトピック・フォーカス構造分析と Pan（2019）による中国語のアスペクト句の分析を紹介する．まず，Paul and Whitman（2017: 12‒14）による以下の文を見てみよう．

(20) a.　Zhongguo, da　chengshi, Shanghai, jiiaotong bijiao
　　　　　China　　 big city　　Shanghai　traffic　　relatively
　　　　　luan
　　　　　chaotic
　　　　　'As for China, as for big cities, Shanghai, the traffic is rather
　　　　　chaotic.'

　　 b.　[$_{even-FocP}$ Lian bingqilin [$_{TP}$ ta　　dou / ye bu　　 xihuan]]
　　　　　　　even ice cream　　　3SG all / also NEG　like
　　　　　'Even ice-cream he doesn't like.'

(20a) からうかがえるように，中国ではトピック要素が複数生じうる．ま
た，(20b) から理解できるように，フォーカス要素はフォーカス・マーカー
である *lian* を伴うことができる．

(21) a.　[$_{TopP}$ Qimo　　kaoshi [$_{FocP}$ lian liushi fen [$_{TP}$ ta　　dou mei
　　　　　　　term.end exam　　　　even 60　　point　3SG all NEG
　　　　　nadao]]]
　　　　　obtain
　　　　　'In the final exam, he didn't even get sixty points.'

　　 b.　*[$_{FocP}$ Lian liushi fen [$_{TopP}$ Qimo　　kaoshi [$_{TP}$ ta　　dou
　　　　　　　even 60　　point　　term.end exam　　3SG all
　　　　　mei　nadao]]]
　　　　　NEG obtain

　　　　　　　　　　　(Paul and Whitman (2017: 14, adapted from Lu Peng 2003: 223))

(21a, b) が示すことは，中国語ではトピック–フォーカスの語順は許容され
るが，フォーカス–トピックの語順は許されないということである．これら
の事実を踏まえ，Paul and Whitman (2017: 13) は (22) のような左端部構
造を提案する．

(22)　Comp [topic field Top*] 'even' Focus　(Fin)>T　v　VP

ここでは，構造的にトピックはフォーカスより上位に生じることを規定する．

次に，詳細なデータを基にしながら Paul and Whitman (2017) よりもさらに精緻な分析を提示する Pan (2019) を見てみよう．Pan (2019: 5) は中国語の階層として (23) を提示している．

(23) (TopP>FocP)>**AttP(two layers)**>(TopP>FocP)>**SQP**>(TopP> FocP)>**iForceP**>(TopP>FocP)>*Only*P>(TopP>FocP)>**S.AspP**> (TopP>FocP)>TP …

ここでは，AttP (speaker's subjective attitude particles) は話者の主観的態度を示す助詞を示す．同様に，SQP (special question operators) は特別な疑問を示す演算子を，iForceP (illocutionary force particles and operators) は発語力を示す助詞あるいは演算子を，S.AspP (sentential aspect particles) は文のアスペクトを示す助詞を示す．任意の要素である Topic Phrase (TopP) と Focus Phrase (FocP) はカッコで示すどの位置にも生じうる．Pan (2019) は，この左端部構造に基づいて以下の文を分析する．

(24) a. [$_{S.AspP}$ [$_{TP}$ Zhe-ke shu gao dianr] [$_{SAspP0}$ *(le)]]
            This-CL tree become.tall a.bit   LE
        'This tree is a bit taller now.'   (Pan (2019: 17))

    b. [$_{TopP}$ Wo$_j$ [$_{TP1}$ bu shi [$_{S.AspP}$ [$_{TP2}$ pro$_j$ xiang jia] le]]].
           I   Neg be   miss home LE
        'As for me, it is not the case that I start missing home.'

                                      (Pan (2019: 25))

    c. [$_{OnlyP}$ [$_{TP}$ Wo bu he cha] eryi].
                I   Neg drink tea   ERYI
        'I only don't drink tea.' Scope:eryi 'only' > neg

                                        (Pan (2019: 37))

    d. [$_{iFORCEP}$ [$_{TP}$ Ni hai zai da Taiji [$_{iFORCE0}$ ma]]]?
                 you still Prog play Tai Chi   Q$_{yes-no}$
        'Are you still playing Tai Chi?'   (Pan (2019: 40))

e. [$_\text{RheQP}$ ┐ [$_\text{RheQP}$ ∅] [$_\text{iFORCEP}$ [$_\text{TP}$ Zhansan bu   zhidao ni   xihuan

       Zhansan Neg know   you like

Lisi] [$_\text{iFORCE0}$ ma]]]?

Lisi   Q$_\text{yes-no}$

'Does Zhansan know that you like Lisi?'

= Zhansan knows perfectly well that you like Lisi!'

(Pan (2019: 55))

f. [$_\text{AttP}$ [$_\text{TP}$ Zhansan hui shuo fawen] [$_\text{Att0}$ a]]!

  Zhansan can speek French   A

'Wow, surprisingly, Zhansan can speak French!' (Pan (2019: 67))

(24a) では，アスペクトを示す語気助詞 *le* が SAspP 主要部に入っている．
(24b) では，主語 *wo* はトピックとして解釈される．また，否定辞 *bu-shi*
は語気助詞 *le* の作用域に入らない．次に，(24c) では *eryi* (= only) は
*Only*P の主要部にあり，否定よりも広い作用域を取る．さらに，(24d) が
示すように Yes-No 疑問文を作る語気助詞 *ma* は iFORCEP の主要部に生
起する．(24e) では，Rhetorical Question Phrase (= RheQP) の主要部は
空であるが，修辞疑問文 (Rhetorical question) として解釈されうる．最後
に，(24f) では語気助詞 *a* が詠嘆の意味を示す．

　以上，この節ではカートグラフィーの枠組みで中国語の左端部構造を分析
している研究を紹介した．

2.2.6. 日本語
2.2.6.1. 中村 (2011)，Nakamura (2012, 2017)

　中村 (2011)，Nakamura (2012, 2017) は，カートグラフィー分析に基づ
き日本語のトピック・フォーカス構造を分析している．ここでは Nakamura
(2017: 237) からの例を引用する．

(25) a. 学生たちは (リーディングリストの) 本 4 冊は読んだ

   b. 学生たちは (リーディングリストの) 本 4 冊<u>は</u>読んだ

   c. (リーディングリストの) 本 4 冊は学生たちは読んだ

    d.　（リーディングリストの）本 4 冊<u>は</u>学生たちは読んだ

    e.　そう言えば，彼らは書評も 4 本読んだ

(25a, c) の文頭にある「は」句は談話主題（Thematic Topic, 以下 ThT）を示す．また，(25a, c) の 2 番目の「は」句は対照主題（Contrastive Topic, 以下 CT）を示す．(25d) の主題「<u>は</u>」は強勢を受けて，比較対象（alternative）の存在を示しており（後述），かつ網羅的識別的焦点（Exhaustive Identificational Focus, 以下 EI-Focus）を示す．さらに，(25b) の「は」句も比較対象の存在を明示し，対照焦点（Contrastive Focus, CF）を示す．(26a-d) が (25a-d) の解釈を示している．

  (26)　a.　学生達に関して言うと，彼らは（リーディングリストの中から）少なくとも 4 冊の本は読んだ

      b.　学生達に関して言うと，彼らは論文ではなく本 4 冊を読んだ

      c.　リーディングリストの本 4 冊に関して言うと，学生達がそれらを読んだ

      d.　学生達が読んだのはリーディングリストの中の本 4 冊だ．

すなわち，強勢を受けない文頭の「は」句は ThT を，文中の「は」句は CT を示す．また，強勢を受ける文頭の「は」句は EI-Focus を，文中にある「<u>は</u>」句は CF を示す．(25b) の「<u>は</u>」は CF を示すが，EI-Focus は示さない．(25b) に (25e) を続けることは可能であることからも，このことは裏付けられる．一方，EI-Focus を示す (25d) に (25e) を続けることはできない．さらなる例文を以下に示す．

  (27)　a.　ヨーロッパで僕はドイツは行きたい

      b.　ヨーロッパでドイツ<u>は</u>僕は行きたい

      c.　でも，僕はフランスにも行きたい

(27a) ではドイツ以外にも行きたい国があることが想定され，「ドイツは」は CT を示す．一方，(27b) における「ドイツ<u>は</u>」は比較対象を想定しており，しかもドイツが唯一行きたい国であることを明示する．すなわち，EI-

Focus を示す．(27a) に続いて (27c) と言うことができるのに対し，(27b) に (27c) を続けることはできないことからも，この解釈は実証される．以上の議論を踏まえ，Nakamura (2017) は (25a-d) に (28a-d) の構造を提示する．

(28) a. [TopP 学生たちは [FocP [TopP （リーディングリストの）本4冊は [TP tsubj [vP tobj 読ん]だ]]]]

　　 b. [TopP 学生たちは [FocP （リーディングリストの）本4冊は [TopP [TP tsubj [vP tobj 読ん]だ]]]]

　　 c. [TopP （リーディングリストの）本4冊は [FocP [TopP 学生たちは [TP tsubj [vP tobj 読ん]だ]]]]

　　 d. [TopP [FocP （リーディングリストの）本4冊は [TopP 学生たちは [TP tsubj [vP tobj 読ん]だ]]]]

すなわち，文頭の「は」句は Topic Phrase (TopP) に，強勢を受ける「は」で示す句は Focus Phrase (FocP) に生じる．以上のことは，構造位置と解釈との相関関係を明示している．[5, 6]

2.2.6.2.　遠藤・前田 (2020)

本節では，カートグラフィーの最新の研究成果を示す遠藤・前田 (2020) を紹介する．遠藤・前田 (2020: 66-68) は日本語の CP における補文標識のカートグラフィーを詳細に分析している．遠藤・前田 (2020) は，まず Saito (2010: 2) による以下の分析を提示している．

(29) a. 太郎は [CP 彼の妹がそこにいたのかと] 皆に尋ねた

　　 b. 太郎は [CP 彼の妹がそこにいた {* のとか／*かとの／*かのと／*とのか／ *とかの}] 皆に尋ねた

---

[5] (25b) と (25d) の対照から，Beletti (2004)，Belletti and Shlonsky (1995) に従い，Nakamura (2021) は (25b) における CF を示す「は」句が vP 内の左端部にあると論じ，EI-Focus を示す CP 領域の左端部とにある「は」句との解釈の違いを構造的に分析している．

[6] Vermeulen (2012) は文頭のトピックは対照主題を示すとしている．

  c. 太郎は [CP [IP 花子が彼の家に来る] か／*と] 知りたがっている

  d. 花子は,「私は天才だ」と思った

(29b) により，Saito (2010) は「の」は命題文の補文標識であると論じている．また，Saito (2010) は (29c) で示すように，「か」を疑問文の補文標識であると分析している．次に，(29d) に示すように「と」は直接引用あるいは直接引用の言い換えを示す補文標識である．その上，遠藤・前田 (2020: 68) は Hiraiwa and Ishihara (2002) からの以下の例を引用し，「の」が Fin 主要部，「だ」が Foc 主要部にあると論じている．

 (30) 太郎がこのリンゴを食べたのだ

以上の事実を踏まえ，遠藤・前田 (2020: 68) は日本語補文標識の階層構造を以下であるとしている．

 (31) [ReportP [ForceP [FocP [FinP [IP …] の] だ] か] と]

  次に，遠藤・前田 (2020) は終助詞のカートグラフィーに関する非常に興味深い分析を提示している．まず，遠藤・前田 (2020: 70-73) による以下の例文を見てみよう．

 (32) a. 火事だ<u>な</u>

  b. 火事だ<u>ね</u>

  c. ?火事だ<u>よ</u>（独り言として自分に話しかける場合は除く）

「な」は話し手指向性 (speaker-oriented) を持ち，「ね」は聞き手指向性 (addressee-oriented) を持つ．また，聞き手の注意を引くときによく使われる「よ」は [+addressee] という素性を持つので，(32c) 独り言として発せられる「火事だ」の後につくと座り心地が悪く聞こえる．さらに，(33a-c) の例文を基に (33d) のような階層性を持つと論じている．

(33) a. *来るよわね

    b. *来るねわよ

    c. *来るわねよ

    d.　来る　　　わ　　　　　　よ　　　　　　　　ね

              [+speaker]　　[+speaker]　　　[+speaker]

                          [+addressee]　　[+addressee]

                                     [+empathy]

（遠藤・前田 (2020: 102)）

これ以外にも，遠藤・前田 (2020) は IP と副詞，主語，動詞句などの詳細かつ興味深いカートグラフィー分析を提示している．

2.2.7.　英語

Utsuboe (2012) は英語のトピック・フォーカス構造を分析した最新の研究である．まず，主節についての分析を提示する．Utsuboe (2012) は基本的には Gundel (1974) の TT, FT の区別を採用している．以下，Utsuboe (2012: 46-47) からの例を引用する

(34) a. *To John, this book, Mary gave.

    b. *On the table, this book, John put.

(35) a.　TO JOHN (not to Bill) THIS BOOK (not that book) Mart gave.

    b.　ON THE TABLE THIS BOOK John put.

(34a, b) は TT が複数生じていて非文であるが，(35a, b) は FT が共起しており，容認される．これは，フォーカスが複数生じないとする Rizzi (1997) に対する反論となる．次に，Utsuboe (2012: 53) は次の例を提示し，フォーカスと *wh* 要素はフォーカス -*wh* 要素の順番に生じる，と主張する．

(36) a. *What THESE PRICES can anyone do about?

    b. *To Whom A BOOK LIKE THIS would you give?

178

(37) a. THESE PRICES what can anyone do about?

　　 b. And A BOOK LIKE THIS to whom would you give?

以上のようなデータを基に，Utsuboe（2012: 60）は以下の主節の構造を提示する．

(38) 　[CP Focus [C[Focus] [TP Topic [TP Subj [T[Topic · EPP] [v*P]]]]]]

すなわち，FT 要素は Spec-CP に，TT 要素は outer Spec-TP にある．しかし，この構造を想定すると，*wh* 要素が Topic とみなされると言う問題が生じる．

次に，Utsuboe（2012: 68-69）は次のような例文を示し，補文内ではトピックは生じないが，フォーカスは生じると主張する．

(39) a. *John regretted that Gone with the wind, we went to see.

　　 b. John regretted that GONE WITH THE WIND we went to see.

(40) a. *John said that this book, Mary should have read.

　　 b. John said that THIS BOOK Mary should have read.

(41) a. *The inspector explained that each part, he had examined very CAREFULLY.

　　 b. The inspector explained that EACH PART he had examined very carefully.

(39-41a) で見られるように，補文内に TT は生じないのに対し，(39-41b) が示すように，FT は生じる．このようなデータを基に，Utsuboe（2012: 77）は以下のような補文構造を提示する

(42) 　[VP [CP [TP Focus [TP Subj [T[Focus · EPP] [v*P]]]]]]

次に，Utsuboe（2012）に対する問題点を指摘する．まず，Gundel（1974），Culicover（1991）が指摘するとおり，主節でトピック-フォーカスの順で生起する (43a-c) のような例を，Utsuboe（2012）のシステムでは扱えない．

(43) a. This book to Robin I gave.

　　 b. Last year in St.LOUIS we were living.

　　 c. In those days a NICE car we drove

また，Ross（1986: 255）は補文内にトピックが生じる以下の例を挙げている．

(44)　The Revenooers claim that informers they never use.

さらに，Koizumi（1995），Haegeman（2012）が示すように，補文内で否定辞倒置（Negative Inversion）とフォーカスが共起する例，あるいはトピック要素が複数生起する例が存在する．ここでは，Haegman（2012: 42）からの例を提示する．

(45) a. He stressed that, with no job, on no account should I buy a house.

　　 b. He said that not long ago, in Paris, he met an old friend of his.

With no job, *not long ago*, *in Paris* は，後続する要素とコンマで区切られていることからわかるとおり，トピック要素である．さらに，Haegeman（2012: 41）から以下の例を提示する．

(46)　Lee wonders which students under no circumstances at all would Robin talk to.

このような例を分析し，Haegeman（2012: 42）は (47a) のような補文構造を提示する．

(47) a. [$_{ForceP}$ [$_{TopP}$ [$_{FocP}$ [$_{TopP}$]]]]

　　 b. Lee wonders [$_{ForceP}$ which student [$_{FocP}$ under no circumstances at all [$_{Foc'}$ would [$_{FinP}$ Robin talk to]]]]

　　 c. [$_{ForceP}$ [$_{Force'}$ that [$_{TopP}$ with no job [$_{FocP}$ on no account [$_{Foc'}$ should [$_{TopP}$ I buy a house]]]]]]

ForceP には補文標識 *that* あるいは *wh-* 句が生起する．上位の TopP には付加詞が生じる．FocP にはフォーカス要素あるいは NI 要素が生じる．(47a) を使って (46) の構造を (47b) のように示すことができる．さらに，(45a) の構造を (47c) のように図示することができる．

加えて，Radford（2018）は BBC ラジオの膨大なデータを駆使して，英語の主節内あるいは補文内のトピック・フォーカス構造を分析している．また，中村（2019）も参照されたい．

3. Information Structure, IS

3.1. IS の歴史的背景

この節では，IS 分析に関する概念についての先駆け的な研究を，Jackendoff（1972）を除き年代が古い順から紹介する．

3.1.1. Jackendoff（1972）

Jackendoff（1972）は英語のフォーカス解釈について包括的かつ詳細な分析を行った最初の研究であると言われる．まず，Jackendoff（1972: 230）はフォーカスと前提を以下のように定義している．

(48) a. **Focus of a sentence**: to denote the information in the sentence that is assumed by the speaker not to be shared by him and the hearer.

　　 b. **Presupposition of a sentence**: to denote the information in the sentence that is assumed by the speaker to be shared by him and the hearer.

すなわち，話し手が聞き手と共有していないと想定している情報がフォーカスであり，共有している情報が前提である．この定義と Kingdon（1958），Boliger（1965），Chomsky（1970）が論じるイントネーションの特徴を生成文法理論に組み入れ，Jackendoff（1972）はフォーカス解釈について詳細に論じている．まず，Jackendoff（1972: 229–230）による次の例を見てみ

よう.

(49) a.　Is it JOHN who writes poetry?

　　　b.　No, it is BILL who writes poetry.

　　　c.　No, it is JOHN who writes short stories.

(50)　　Someone writes poetry.

(50) が (49a) における前提であり, 大文字で示される *JOHN* は主強勢 (main stress) と一番高いピッチ (highest pitch) を与えられたフォーカスである. 同様に, (49b) における前提も (50) であるが, *BILL* がフォーカスとなり, 新しい情報が聞き手に与えられている. (49a) に対する返答として (49c) が相応しくないのは, 前提と一致していないためである.

　次に, Jackendoff (1972) による A-accent / B-accent について述べる.[7] Jackendoff (1972: 259) は (51a) が (51b, c) の2つの意味を持ちうる曖昧性がある文であることを指摘し, それがイントネーション曲線により区別されると述べる.

(51) a.　FRED doesn't write poetry in the garden.

　　　b.　It is Fred who doesn't write poetry in the garden.

　　　c.　It isn't Fred who writes poetry in the garden.

いずれの解釈においても, Fred が高いピッチを与えられ, その後ピッチが急に下がりそのままの状態を保つ. しかし, (51b) の読みでは, garden の最後の音節でピッチがさらに下がるのに対し, (51c) の読みではピッチが上がる. Jackendoff (1972) は Bolinger (1965) に従って前者を A-accent と呼び, 後者を B-accent と呼ぶ.

　次に, フォーカスが複数ある場合についての Jackendoff (1972) の分析を提示する. (52b) では, 音韻的には主語と目的語の両方に強勢が与えられる. この (52b) を返答とする質問 (52a) を, Jackendoff (1972: 261) は多

---

[7] A-accent / B-Accent は Jackendoff (1972) が提唱したものであると広く言われているが, Jackendoff (1972) はこの用語を Bolinger (1965) によるものとしている.

182

くの人々がそれぞれ異なるものを食べた状況を前提としてあげる.

(52) a. Well what about FRED? What did HE eat?
    b. FRED ate the BEANS.

この (52b) では, 下降−上昇アクセント, つまり B-accent が主語に対して見られ, 目的語に対して下降アクセント, つまり A-accent が付与される.

次に, (53a) の質問に対しても同様に (53b) で応えることができる.

(53) a. Well, what about the BEANS? Who ate THEM?
    b. FRED ate the BEANS.

(53b) では, (52a) とは逆で主語に対して A-accent が, 目的語に対して B-accent が付与される.

このような意味解釈と音韻的要素との相関関係を扱った Jackendoff (1972) の研究成果は, 現在でも受け継がれている.

3.1.2. Halliday (1967, 1970)

多くの研究者によって, Information Structure という用語を最初に用いたのは Halliday (1967) であると言われている. ここでは Halliday (1970) の記述を紹介する. Halliday (1970: 161) は, プラハ学派の研究者[8] が最初に文の主題構造 (Thematic Structure) を研究したとしている. また, Halliday (1970: 161) は英語の文は主題・題述 (theme・rheme) 構造から成っているとしている. 主題は心理的主語 (psychological subject) とも呼ばれ, 文の最初に生じる要素である. 以下の例で, 主題は ( ) の外にある.

(54) a. I (don't know)
    b. yesterday (we discussed the financial arrangements)
    c. his spirit (they could never kill)
    d. suddenly (the rope gave away)

---

[8] Mathesius (1928), Firbas (1959, 1964), Svoboda (1968) などが頻繁に言及される.

　　e.　people who live in glasshouses (shouldn't throw stones)

さらに，Halliday (1970: 161) は平叙文 (declarative sentence) では主題は
法的主語 (modal subject) あるいは文法的主語 (grammatical subject) であ
るとしている.

(55)　a.　this gazebo was built by Sir Christopher Wren
　　　b.　this gazebo is being restored

それに対して，疑問文では情報を求める要素が主題となる.

(56)　a.　didn't (Sir Christopher Wren build this gazebo?)
　　　b.　how many gazebos (did Sir Christopher Wren build?)

次に，Halliday (1970: 162) は文の主題構造は情報構造 (IS) と呼ばれる構
造と関連していると述べる.IS には既知 (given) 情報と未知／新 (new) 情
報と呼ばれる機能が関連している.すなわち，多くの場合主題は既知情報で
あり，題述は新情報である.また，IS はイントネーションにより示される.
次の文では，IS と主題構造との相関関係が示されている.

(57)　//**4 this** gazebo//1 **can't** be built by Wren//
　　　(clause: theme⋯　rheme⋯⋯⋯⋯⋯)
　　　(i.u (1): new … .;　(2): new. given …………… ..)

Information Unit (i.u.) の境界は // で示され，主強勢は太字の 4 で，下降
音調は 1 で示されている.Halliday (1970: 163) が示す (57) の意味解釈は
(58) に示す.

(58)　I am talking (theme), specifically, (new) about this gazebo: the
　　　fact is (rheme) that your suggestion (given) that Wren built it is
　　　actually (new) quite impossible.

この例から，Halliday (1970: 163) は既知 (情報) と新 (情報) は主題・題
述とは異なっていると述べている.既知 (情報) は聞き手が知っているもの

184

を示し，題述は話者が今から語ることを示す．

Halliday（1967, 1970）の IS の概念や主題・題述構造，既知・未知情報の区別などは現在の IS 分析の基礎となっている．

3.1.3. Li and Thompson (1976)

まず，Li and Thompson（1976: 459）による以下の例を提示する．

(59) a. John　　hit Mary
　　　　Subject　Predicate

　　b. As for education, John prefers Bertrand Russel's ideas.
　　　　　Topic　　　　Comment

さらに多くの例を詳細に分析し，Li and Thompson（1976: 460）は世界の言語を以下のように主語顕著（Subject Prominent）言語，主題顕著（Topic-Prominent）言語，主題顕著かつ主語顕著（Subject-Prominent and Topic Prominent）言語，主題顕著でも主語顕著でもない（Neither Subject-Prominent nor Topic-Prominent）言語の 4 種類に分類している．

(60) a. Subject-Prominent Languages
　　　　インド・ヨーロッパ語族
　　　　ニジェール・コルドファン語族
　　　　ウラル語族
　　　　セム・ハム語族
　　　　ディリバル語
　　　　インドネシア語
　　　　マダガスカル語

　　b. Topic-Prominent Languages
　　　　中国語
　　　　ビルマ語

　　c. Subject-Prominent and Topic Prominent Languages
　　　　日本語

韓国語
  d. Neither Subject-Prominent nor Topic-Prominent Languages
    タガログ語
    イロカノ語

世界の様々な言語のトピック・フォーカス構造を体系的に比較する際，Li and Thompson (1976) の分類は今でも使用されている.

3.1.4.　Chafe (1976)

　次に，IS 研究において大きな意義を持つ研究である Chafe (1976) を紹介する．Chafe (1976) は IS 研究の中核をなす概念について明確な定義を与えている．以下にその概略を述べていく.

3.1.4.1.　Givenness

　Chafe (1976: 30) によると，既知あるいは旧情報 (given/old information) とは「発話時点において聞き手の意識 (consciousness) にあると話し手が想定するもの」である．一方，新情報 (new information) を Chafe (1976: 30) は「話者が自身の発言によって聞き手の意識の中に導入するもの」と定義している．「聞き手がすでに知っていると期待しているもの」を旧情報，「聞き手がまだ知らないもの」を新情報と定義すると，以下の (61) において話し手は聞き手が *your father* についての知識がなにもないとは想定しない．にもかかわらず，一般的な基準では *your father* は新情報とみなされる.

(61)　I saw your father yesterday.

そこで，Chafe (1976: 31) は givenness を次のように定義する．既知情報は対比を示す以外には常に低いピッチと弱い強勢を伴って発音される．一方，新情報を示す名詞は一般に動詞よりも強く発音される．さらに，以下のような例を挙げ，Chafe (1976: 32) は旧情報と新情報を区別している.

(62)　a.　I'd like to show you a painting (new). I bought it (given) last week.

    b. There was a small earthquake (new) last night. I felt one (given) last year at about this same time.

    c. I bought a painting (new) last week. I really like paintings (generic and given).

3.1.4.2. Contrastiveness

対比性（contrastiveness）に関して，Chafe（1976: 33）は（63a）で議論を始める．

(63) a. Rónald made the hamburgers.

    b. I believe that you believe that someone made the hamburgers, that you have a limited set of candidates (perhaps one) in mind as that someone, and I am telling you that someone is Ronald, rather than one of those others.

アクセント記号で示されるように，Ronald に最も高いピッチが置かれ，それ以降はピッチが下がる．ここで対比性には 3 つの概念が関わる．（63）では話し手が聞き手と「誰かがハンバーガーを作った」という意識（awareness）を共有していると想定する．この共有されている知識を背景知識（background knowledge）と呼ぶ．これが関連する概念の 1 つ目である．[9]

2 つ目の概念は，可能性のある候補（possible candidates）である．（63a）では，いくつかの可能性のある候補者の中から Ronald を選び出している．

3 つ目の概念は，どの候補者が正しいかに関する断言（assertion）である．これらの概念を踏まえると，（63a）は（63b）を意味すると言うことができる．

3.1.4.3. Definiteness

Chafe（1976: 39）は *a dog* か *the dog* か判断する際，つまりどんな場合に *the dog* と言いうるかという定性（definiteness）に関して，概略（64a, b）

---

[9] 背景知識は既知，あるいは疑似既知（quasi-given）であると Chafe は述べている．

のように定義する.

(64) a.　Not just "I assume you already know this referent,"

　　 b.　but also "I assume you can pick out, from all the referents that might be categorized in this way, the one I have in mind."

すなわち，どの犬のことを指しているかを識別できる（identifiable）場合に *the dog* を使うと述べている．さらに，英語の場合は定冠詞 *the* あるいは指示形容詞 *this, that* が定性を示すと述べるが，Chafe（1976: 40）では以下の例も提示している.

(65) a.　We looked at a new house yesterday.

　　 b.　The kitchen was extra large.

この場合，聞き手はどの家かあるいはどのキッチンかを思い浮かべることができないが，家にはキッチンがあると想定できることから定冠詞 *the* が使われうる．この点において，定性（definiteness）は既知（given）とは異なっている.

3.1.4.4.　Subject

　次に，主語（subject）について述べる．Chafe（1976: 43）は，主語を「それについて何かを述べるもの」と定義している．さらに，Chafe（1976: 43-44）はコミュニケーションすることを，まず誰か／何かを出発点（starting point）として主語として識別（identify）し，その主語についての聞き手の知識を増やすものであると定義する．つまり，以下の文は，まず *John* を主語として設定し，その *John* に対する知識を増やすことが目的であるとする．Chafe（1976: 44）はこの考え方を 'adding-knowledge-about' 仮説と呼ぶ.

(66) a.　John broke his arm yesterday.

　　 b.　John got knocked over by a bicycle yesterday.

188

3.1.4.5. Topics (English Style)

次にトピックについて述べる．(67a) では，*the play* はトピックである．
一方，(67b) は対照を明示している．

(67) a. The pláy, John saw yésterday.

    b. As for the pláy, John saw it yésterday.

    c. Yésterday, John saw the pláy.

すなわち，(67a) では話し手が，John が参加したであろうイベントとその
参加時期について考えており，昨日に関しては芝居，映画，オペラなどの候
補の中で芝居を見た，という意味を示す．一方，(67b) では John が参加し
たであろうイベントをいくつか念頭にいれ，その中から芝居を選び出してい
る．また，(67c) のように *yesterday* が文頭にある場合は，いくつかある日
程の候補の中で昨日が選ばれている．Chafe (1976) は *the play*, *yesterday*
のいずれも対照焦点 (foci of contrast) と呼んでいる．さらに，Chafe (1976:
49) はトピック要素が単一場合は，(68a-d) のいずれにおいても単一の対照
焦点を持つと述べている．

(68) a. Jóhn I saw.

    b. I saw Jóhn.

    c. It was Jóhn I saw.

    d. The one I saw was Jóhn.

3.1.4.6. Topics (Chinese Style)

まず，Chafe (1976: 50) による以下の文を見てみよう．

(69) a. nei-xie shumu shu-shen da

    those tree tree-trunk big

    'As for those trees, the trunks are big.'

    'The trunks of those trees are big.'

    'Those trees have big trunks.'

b. nei-ge ren　　yang　　ming George Zhang

　　that　person foreign name George Zhang

　'As for that person, his foreign name is George Zhang.'

(69a, b) では *as for* 〜 という英語のグロスが付与されうるが，中国語の文には対照性は含まれていない．むしろ，ここで *as for* で導入される句は主語として扱う方が正しいかもしれない，と Chafe (1976) は述べる．中国語のトピックは空間的，時間的あるいは個人的な枠組み (framework) を示しており，その枠組みに関して叙述する構成となっている．このことを考えると，英語のトピックと中国語のトピックは大きく異なっている．

　Chafe (1976) では，さらに Topics as Premature Subjects と Antitopics という項目が提示されているが，紙面の都合上本章では省略する．Chafe (1976) が述べる information packaging が重要な起点となり，様々な言語において IS 研究とトピック・フォーカス研究がなされている．

3.1.5. Lambrecht (1994)

Lambrecht (1994: 5) は IS を以下のように定義している．

(70)　INFORMATION STRUCTURE: That component of sentence grammar in which propositions as conceptual representations of states of affairs are paired with lexicogrammatical structures in accordance with the mental states of interlocutors who use and interpret these structures as units of information in given discourse contexts.

　　（文文法の部門であり，そこでは当該状況の概念的表示としての命題が，語彙・文法的構造と，与えられたディスコースにおいて情報のユニットとしてこの構造を使用し解釈する対話者のメンタルステートと一対になっている）

さらに，Lambrecht (1994: 5-6) は IS を「ディスコースにおける命題の語用論的構造化の形式的表現」とも言い換えている．IS は語用論的に構造化された命題 (pragmatically structured proposition) を扱うものであり，以下

の3つのカテゴリーを最も重要なであるとしている．

(71) a. 命題と主張 (Presupposition and Assertion)：聞き手がすでに
知っている，あるいはまだ知らないと話し手が想定する部門に
対して命題を構造化することに関連する．

b. 識別性と活性化 (Identifiability and Activation)：発話時におけ
る談話上の指示対象の心的表示に対する，聞き手の認知状況に
対する話者の前提に関連する．

c. トピックとフォーカス (Topic and Focus)：当該ディスコース
状況における命題とその要素との関連についての相対的予測可
能性と予測不可能性についての話し手の評価に関連する．

さらに，Lambrecht (1994: 6) は IS はプロソディー，ある種の文法的指標，
統語的，特に名詞的な構成素，文における要素の語順，複雑な文法構造，さ
らには語彙選択という文の意味に関するあらゆる要素と関連していると述べ
る．また，意味的には等価であるが形式的，語用論的には異なる能動態と受
動態，規範的な文と話題化が適用された文，規範的な文と分裂文／転移文，
主語にアクセントがある文と述語にアクセントがある文などを IS が扱うと
している．ここに来て，IS が概略意味論的・語用論的部門であり，語順と
統語構造，プロソディーなどの音韻論的要素などと様々なインターフェイス
関係にあることが明示されている．

3.1.6. Erteschik-Shir (2007)

Erteschik-Shir (2007: 1) は，イントネーションと形態的・語彙的要素が
語順と関連して文の IS を形成すると述べている．また，「様々なフォーカ
ス・前提の種類と，句のイントネーションによって示されるディスコースの
構成要素に関する命題態度が，文の IS により表示されると述べている．さ
らに，IS が疑問－解答 (question-answer) pair についての状態にも関わる
と述べ，以下の例文を提示している．ここでは斜体字はトピックを，太字は
フォーカスを示す．

(72) a.　Q:　What did John do?

　　　　　A:　*He* WASHED THE DISHES.

　　　b.　Q:　What did John wash?

　　　　　A:　*He* washed THE DISHES.

　　　c.　Q:　What happened?

　　　　　A:　JOHN WASHED THE DISHES.

さらに，Erteschik-Shir（2007: 4）は GB 理論からミニマリスト・プログラムへと進展した現在の生成文法では，IS は周辺的な役割しか与えられていないとしている.[10]

3.1.7.　Krifka (2007)

　この節では，Krifka（2007）による IS に関する重要概念を提示する. Krifka（2007: 13-14）は，Chafe（1976）以来の IS を information packing とみなす流れに沿ってはいるものの，話し手と聞き手の共通の基盤（Common Ground，以下 CG）の絶えまない変化としてのコミュニケーションモデルの枠組みで IS をとらえる. Krifka（2007: 14）は，「Chafe（1976）が information packaging を聞き手の一時的心的状態だけとして扱う点には問題がある」とする. メッセージを最適化するためには，一時的状態だけではなくメッセージ自体を全体的にとらえる必要があるからである. 例えば，以下の（73aB, bB）は（73aA, bA）の答えとなり得るが，フォーカスが *only* を伴った場合は，（74a, b）で示すように真理条件上の違いをもたらす可能性がある.

(73) a.　A:　What did John show Mary?

　　　　　B:　John showed Mary the [PICtures]$_F$.

　　　b.　A:　Who did John show the pictures?

　　　　　B:　John showed [MARy]$_F$ the pictures.

---

[10] Erteschik-Shir（1997）は，さらに Role and Reference Grammar, Functional Grammar からの分析も紹介している.

(74) a.　John only showed Mary [the PICtures]_F.

    b.　John only showed [MARY]_F the pictures.　　(Krifka (2007: 15))

すなわち，(73aB) と (73bB) の真理条件値はほぼ同一であるが，(74a) と (74b) の真理条件値は異なる．つまり，(74a) ではメアリーに示したのは絵だけである一方，(74b) では絵を示したのはメアリーにだけである．ここでは，アクセントは information packaging だけでなく情報の内容を形作るためにも使いうるのである．このような考えに基づき，Krifka (2007) は CG の内容 (content) と CG の管理 (management) とを区別する必要性について論じる．以下の節で，簡単にその内容を紹介する．

3.1.7.1.　Common Ground: Content and Management

Krifka (2007: 15-16) は，CG をコミュニケーションにおいて話し手と聞き手によりお互いに共有され，かつ絶えず修正される情報をモデル化する方法としてとらえる．これにより，CG の入力として要求される前提 (presupposition) と，CG の出力の中で要求される変更としての断言 (assertion) あるいは好まれる内容 (preferred content) との区別を明確にすることができる．これらの概念が情報をパッケージする (information packaging) ために必要なのは，CG が絶えず変化しているからである．

ここまで述べてきた CG の性質は，すべて CG の真理条件的情報と関連しているので CG の内容とまとめることができる．また，質問は CG の内容に事実である情報を加えることはないが，聞き手が知りたい情報についての必要性を満たすことができる．Krifka (2007) は CG におけるこの側面を CG 管理と呼ぶ．次の節では Krifka (2007) のフォーカスの定義について紹介する．

3.1.7.2.　Focus

Krifka (2007: 18) はフォーカスを次のように定義する．

(75)　Focus indicates the presence of alternatives that are relevant for the interpretation of linguistic expressions.

つまり，フォーカスはある言語表現の解釈に関連する比較対象の存在を示す.[11] これをさらに精緻化し，Krifka (2007: 20) は以下の定義を示す.

(76)　A property F of an expression α is a Focus property iff F signals

　　　(a)　that alternatives of (parts of) the expression α or

　　　(b)　alternatives of the denotation of (parts of) α are relevant for the interpretation of α.

　　　（ある表現 α の属性 F は以下の場合に，そしてその場合にのみフォーカスの属性を示す.

　　　(a) F がある表現 α（あるいはその一部）の比較対象であるか，あるいは

　　　(b) ある表現 α（あるいはその一部）の外延の比較対象が α の解釈に関連する場合）

Krifka (2007) は，(a) を表現におけるフォーカス (expression focus)，(b) を外延におけるフォーカス (denotation focus) と呼び，区別する. 以下に Krifka (2007: 20) による前者の例を挙げる.

(77)　Granpa didn't [kick the BUCKet]$_F$, he [passed aWAY]$_F$.

(78)　A:　They live in BERlin.

　　　B:　They live in [BerLIN]$_F$.

(77) における比較対象は *kick the bucket* と *pass away* という表現である. また，(78) における比較対象は *BERlin* と *BerLIN* である. つまり，両者ともに表現における比較対象を示す.

　一方，外延におけるフォーカスにおいては，外延のレベルで比較対象が形成されている. Krifka (2007) が扱うフォーカスは外延におけるフォーカスである.

3.2.　IS による諸言語の研究成果

この節では，IS の枠組みでの最新の研究成果を紹介する.

---

[11] Rooth (1985, 1992) が alternative semantics を代表する研究である.

3.2.1. Féry and Ishihara (2016) と Neelman and Van de Koot (2016)

Féry and Ishihara（2016）は，IS 研究における最新の成果を紹介した非常に重要な研究である．4 部に分かれた同書では，1 部：理論的側面，2 部：IS に関わる最新の研究課題，3 部：実験的手法，4 部：IS の枠組みでのゲルマン系言語，ロマンス語系言語，ハンガリー語，ギリシャ語，スラブ系言語，中国語，日本語，シナチベット系言語，ベトナム語，バントゥー言語，手話に関する研究と多岐に渡る成果が明解に提示されている．この節では，オランダ語を扱う Neeleman and Van De Koot（2016: 391-393）の A′ 移動に関する分析を簡潔に紹介する．[12] 移動を伴わない場合は，トピック・フォーカス要素の生起順は以下の（79a, b）で示すとおり自由である．

(79) a. […Topic … […Focus…]]
　　 b. […Focus … […Topic…]]

また，（80a, b）で示すように，どちらかの要素が移動する場合は，トピック要素が元位置にあるフォーカス位置を超えて移動することはできるが，フォーカス要素が元位置にあるトピック要素を超えて移動することはできない．

(80) a. [Topic […Focus … […t_{Topic}]]]
　　 b. *[Focus […Topic … […t_{Focus}…]]]

さらに，トピック・フォーカスどちらの要素も移動する場合，（81a, b）で示すように，トピックはフォーカスの上位に移動できるのに対し，フォーカスがトピックの上位に移動することはできない．

(81) a. [Topic [Focus [...t_{Focus} … t_{Topic}…]]]
　　 b. *[Focus [Topic […t_{Focus} … t_{Topic}…]]]

この事実は以下の用例から実証される．

---

[12] A 移動に関するオランダ語，チェコ語に関する分析は Neeleman and Van de Koot (2016) を参照されたい．

(82)　Hoe zit het met FRED? Wat heeft HIJ gegeten?

　　　'What about Fred? What did he eat?'

　　　Nou, dat weet ik niet, maar ik geloof

　　　'Well, I don't know, but I believe'

　　a.　dat　Wim[CT]　van　de　BONEN[CF]　meer　gegeten　heeft　dan

　　　　　that　Bill　　from　the　beans　　　more　eaten　　has　　than

　　　　　vorig　jaar

　　　　　last　year

　　　　　'that Bill has eaten more from the beans than last year.'

　　b.　#dat　[van　de　BONEN]₁　Wim t₁　meer　gegeten　heeft　dan

　　　　　that　from the beans　　　Bill　　　more　eaten　　has　　than

　　　　　vorig　jaar

　　　　　last　year

（82a）のトピック-フォーカスの語順は容認される．一方，対照焦点（Contrastive Focus, CF）要素の *van de BONEN* が対照主題（Contrastive Topic, CT）の Wim を超えて移動した（82b）は，この文脈では容認されない．この例は（80a, b）の対比を示す．一方，次の例は（81a, b）の対比を示す．

(83)　Hoe zit het met Jan z'n OUDERS? Welk boek heft hij HEN gegeven?

　　　'What about John's parents? Which book has he given to them?'

　　　Nou dat weet ik niet. Maar ik denk

　　　'Well I don't know. But I think …'

　　a.　dat　[z'n kinderen]₁　[_DIT　boek]₂　Jan t₁　zeker t₂　niet　zal

　　　　　that　his children　　this book　　John　certainly　not　will

　　　　　geven

　　　　　give

　　　　　'that John will certainly not give his children this book.'

　　b.　#dat　[DIT boek]₂　[z'n kinderen]₁　Jan t₁　zeker t₂　niet　zal

　　　　　that　this book　　his children　　John　certainly　not　will

geven

give

'that John will certainly not give his children this book!'

(83a) ではトピック要素の *z'n kinderen* がフォーカス要素の *DIT boek* を超えて移動するので容認されるが，その逆の移動となる (83b) はこの文脈では容認されない．

3.2.2. Tomioka (2016)

IS 分析では何種類のトピックを想定するかが常に議論になっており，Chafe (1976)，Krifka (2007) 以来様々な定義が示されている．Tomioka (2016) は日本語の分析から助詞「は」で示されるトピックを明解に分類している．

以下に Tomioka (2016: 761) が示す 3 種類のトピックを挙げる．[13]

(84) a. *aboutness*: The entity denoted by a *wa*-phrase is what the sentence is about

b. *frame-setting*: A *wa*-phrase can function as a frame-setter

c. *givenness*: A *wa*-phrase corresponds to given information

すなわち，(84a) は文の主題あるいは話題を示す．(84b) は「は」句が以下に続く文の枠組みを形成する．(84c) では「は」で示される句は既知情報である．以下に用例を引用する．

(85) a. その火事は消防隊が早く来た   (Paul and Whitman (2017: 3))

b. その件に関しては，マリに任せるべきです (Tomioka (2016: 762))

c. その本は村上春樹が書いた

(85a) が (84a) の例であり，(85b) は (84b) の例である．さらに，(85c)

---

[13] Molnár, Egerland, and Winkler (2019) は Aboutness topic, given topic, familiar topic の 3 種類の生起順が以下のように規定されていると論じている．[ShiftP Aboutness-topic [ContrP Contrastive-topic [FocP [FamiliarP Given-topic [FinP [IP …]]]]]]

は (84c) の例である．加えて，「は」は対照主題も示すことができる．
Tomioka (2016: 765) から用例を引用する．

(86)　Context：だれが試験に受かりましたか？
　　　a.　マリは受かりました
　　　b.　マリが受かりました

(86a) では「少なくともマリは受かった」ことを示す．また，(86b) では受かったのはマリだけである．Tomioka (2010, 2016) では対照を示す「は」はフォーカスのプロソディを持つとしている．これに対して，違う視点からトピック・フォーカスを分析している Nakamura (2020) を次節で取り上げる．

3.2.3.　Nakamura (2020)

　Nakamura (2020: 163) は以下の例を分析し，助詞「は」の機能に関して Tomioka (2016) とは異なる分析をしている．

(87)　a.　太郎，健，花子，真里の中で誰が受かったの？
　　　b.　真里は受かりました
　　　c.　真里は受かりました
　　　d.　真里が受かりました
　　　e.　真里が受かりました

(87b) は Tomioka (2016) が論じるとおり，「少なくとも真里が受かった」という意味を示す．この「は」に強勢は置かれない．一方で，強勢を受ける「は」で示される (87c) では，「他の 3 人はダメだったけど真里だけが受かった」という意味を示す．さらに，「が」を伴う (87d) では，真里が受かったことを示すものの，他の 3 人が受からなかったことを必ずしも意味するとは限らない．それに対して，強勢を受ける「が」を伴う (87e) では，「他の 3 人は受からなかったけど，真里だけは受かった」という意味を示す．
　さらに，Nakamura (2020: 168) は Paul and Whitman (2017) が中国語について論じた現象を日本語に適用した分析を提示している．

(88) a.　中国は大都会は上海**は**交通が乱れている

　　 b.　中国は大都会は上海は交通**は**乱れている

　　 c.??中国**は**大都会は上海は交通が乱れている

　　 d.　?中国は大都会**は**上海は交通が乱れている

　　 e.??中国は大都会**は**上海**は**交通が乱れている

　　 f.??中国は大都会は上海**は**交通**は**乱れている

(88a, b) に示すように，強勢を受ける「は」が1文中に単一生じる場合は容認される．また，(88c) で示すように強勢を受ける「は」句が文頭にある場合は容認度が下がる．さらに，(88e, f) で示すように，「は」句が複数生起する場合も容認度が下がる．同様の例を Nakamura (2020: 169) から提示する．

(89) a.　文明国が男性が平均寿命が短い　　　　　　　(Kuno (1973: 34))

　　 b.　文明国は男性**は**平気寿命が短い

　　 c.　文明国は男性**が**平均寿命が短い

　　 d.　文明国は男性**は**平均寿命は短い

　　 e.??文明国**は**男性**は**平均寿命が短い

　　 f.??文明国は男性**は**平均寿命**は**短い

(89b, c) が示すように，強勢を受ける「は」あるいは「が」句で示されるDP は網羅的識別的焦点 (Exhaustive Identificational Focus, EI-Focus) を示す．すなわち，(89b) では「平均寿命は短いのは女性ではなく男性だけ」となり，(89c) では「男性だけが平均寿命が短い」という意味を示す．(89d) は，1文中に「は」句が3つ，あるいはそれ以上生起することが可能であることを示す．さらに，(89e, f) は強勢を受ける「は」句が複数生起すると容認度が下がることと，文頭に「は」句が生起すると容認度が下がることを示す．以上のことから，Nakamura (2020: 171) は「は」句と「は」句の生起分布について以下 (90) を提案している．

(90)　[TopP DP-wa [FocP* DP-WA [TopP DP-wa [FocP* DP-WA [TopP DP-wa [FocP* DP-WA [TopP DP-wa [FocP* DP-WA [TopP DP-wa [TP [vP [vP]]]]]]]]]]]

FocP* は 1 文中に単一の Focus Phrase が生起することとその位置は変わりうることを示す．また，TopP は文中に複数生起できることを規定している．

　以上，本節では IS の枠組みでの諸言語の研究成果を紹介した．

4.　おわりに：カートグラフィーと IS とのインターフェイス

　本節では，統語構造分析であるカートグラフィー分析と IS 分析とのインターフェイスについてまとめる．第 3 節まで，歴史的経緯を含めてカートグラフィー分析と IS 分析について論じてきた．カートグラフィー分析は，1 節で述べたとおり，トピック・フォーカス，終助詞，語気助詞などの統語構造を詳細に描く統語分析である．一方で，IS 分析はプロソディー，強勢などの音韻的要素，前提，定／不定性，既知／未知などの意味的語用論的要素が関わり，それ自体が様々な言語学における理論的分野とインターフェイスをなしている．また，カートグラフィー分析に関してはミニマリスト・プログラムとは相容れないのではないかとの批判もある．[14] しかし，Chomsky (2001) では，トピック・フォーカスなどの意味解釈に貢献する要素が Int. 素性を持つとされている．[15] さらに，グン語にはトピック・フォーカスを明示する要素が存在している．それだけでなく，日本語の「は」がトピックを示す主要部要素であり，「が」がフォーカスを示す主要部要素であるとの分析が竹沢・ホイットマン (1998) でなされていることを考慮すると，カートグラフィーで扱う言語現象を最新の統語理論であるラベル理論で扱う可能性も充分考えられる．[16] カートグラフィー分析としての Aboh (2016) が Féry and Ishihara (2016) に掲載されていることからも，統語構造構築と音韻論と意味論・語用論，あるいは他の分野とのインターフェイス研究が益々盛んになる未来の可能性を示し，本章を閉じたい．

---

[14] カートグラフィーに関する批判とそれに対する反論は福田・中村・古川 (2018) と遠藤・前田 (2020) に詳しく述べられている．

[15] 詳しくは，Chomsky (2001: 31) で新情報／旧情報，定性・フォーカス，トピックななどは interpretive complex int. をもち，意味解釈に貢献すると述べている．

[16] この可能性についても福田・中村・古川 (2018) で詳細に論じている．

参 考 文 献

Abney, Steven Paul (1987) *The English Noun Phrase in its Sentential Aspect*, Doctoral dissertation, MIT.

Aboh, Enoch O. (2016) "Information Structure: A Cartographic Perspective," *The Oxford Handbook of Information Structure*, ed. by Caroline Féry and Shinichiro Ishihara, 147-164, Oxford University Press, Oxford.

Adger, David (2003/2007) "Stress and Phasal Syntax," *Linguistic Analysis* 33, 238-302.

Agbayani, Brian, Chris Golston and Toru Ishii (2015) "Syntactic and Prosodic Scrambling in Japanese," *Natural Language and Linguistic Theory* 33, 47-77.

Anderson, Curt and Marcin Morzycki (2015) "Degrees as Kinds," *Natural Language and Linguistic Theory* 33, 791-828.

Bach, Emmon (1986) "The Algebra of Events," *Linguistics and Philosophy* 9, 5-16.

Baker, Mark (1988) *Incorporation: A Theory of Grammatical Function Changing*, University of Chicago Press, Chicago.

Bale, Alan and Jessica Coon (2014) "Classifiers are for Numerals, Not for Nouns," *Linguistic Inquiry* 45, 695-707.

Beck, Sigrid (2011) "Comparison Constructions," Semantics: *An International Handbook of Natural Language Meaning Volume 2*, 1341-1389, ed. by Claudia Maienborn, Klaus von Heusinger and Paul Portner, Mouton, Berlin and New York.

Beck, Sigrid, Toshiko Oda and Koji Sugisaki (2004) "Parametric Variation in the Semantics of Comparison: Japanese vs. English," *Journal of East Asian Linguistics* 13, 289-344.

Beckman, Mary E. and Janet B. Pierrehumbert (1986) "Intonational Structure in Japanese and English," *Phonology Yearbook* 3, 225-309.

Beckman, Mary E. and Janet B. Pierrehumbert (1988) *Japanese Tone Structure*, Cambridge, MA, MIT Press.

Belletii, Adriana (2004) "Aspects of the Low IP area," *The Structure of CP and IP: The Cartography of Syntactic Structures* Volume 2, ed. by Luigi Rizzi, 16-51, Oxford University Press, Oxford.

Belletti, Adriana and Ur Shlonsky (1995) "The Order of Verbal Complements: A Comparative Study," *Natural Language and Linguistic Theory* 13, 489-526.

Bennett, Ryan, Emily Elfner, and James McCloskey (2016) "Lightest to the Right: An Apparently Anomalous Displacement in Irish," *Linguistic Inquiry* 47, 169-234.

Bhatt, Rajesh and Roumyana Pancheva (2004) "Late Merger of Degree Clauses," *Linguistic Inquire* 35, 1-45.

Bianchi, Valentina and Giuliano Bocci (2012) "Should I Stay or Should I Go?" *Empirical Issues in Syntax and Semantics* 9, ed. by Christopher Piñón, 1-18.

Bocci, Giuliano and Cinzia Avesani (2015) "Can the Metrical Structure of Italian Motivate Focus Fronting?" *Beyond Functional Sequence: The Cartography of Syntactic Structures*, Volume 10, ed. by Ur Shlonsky, 23-41, Oxford University Press, New York.

Bolinger, Dwight (1965) *Forms of English: Accent, Morpheme, Order*, ed. by Isamu Abe and Tetsuya Kanekiyo, Harvard University Press, Cambridge, MA.

Borer, Hagit (2005) *In Name Only*, Oxford University Press, Oxford.

Bošković, Željko (2008) "What Will You Have, DP or NP?" *Proceedings of NELS* 37, ed. by Emily Flfner and Martin Walkow, available in https://boskovic.linguistics.uconn.edu/papers/

Botha, Rudolf P. (1984) *Morphological Mechanisms: Lexicalist Analyses of Synthetic Compounding*, Pergamon Press, Oxford.

Bresnan, Joan (1971) "Sentence Stress and Syntactic Transformations," *Language* 47, 257-281.

Bresnan, Joan and Sam A. Mchombo (1987) Topic, Pronoun, and Agreement in Chichewa," *Language* 63, 741-782.

Büring, Daniel (2007) "Semantics, Intonation, and Information Structure," *The Oxford Handbook of Linguistic Interfaces*, ed. by Gillian Ramchand and Charles Reiss, 445-473, Oxford University Press, Oxford.

Büring, Daniel (2016) " (Contrastive) Topic," *The Oxford Handbook of Information Structure*, ed. by Caroline Féry and Shinichiro Ishihara, 64-85, Oxford University Press, Oxford.

Carlson, Greg (1977) *Reference to Kinds in English*, Doctoral dissertation, University of Massachusetts Amherst.

Carlson, Greg (2003) "Weak Indefinites," *NP to DP*, ed. by Francis Jeffry Pelletier, 195-210, John Benjamins, Amsterdam.

Chafe, Wallace L. (1976) "Givenness, Contrastiveness, Definiteness, Subjects, Topics, and Point of View," *Subject and Topic*, ed. by Charles N. Li, 25-55, Academic Press, New York.

Chen, Matthew (1987) "The Syntax of Xiamen Tone Sandhi," *Phonology* 4, 109–150.

Cheng, Lisa Lai-Shen and Rint Sybesma (1999) "Bare and Not-so-bare Nouns and the Structure of NP," *Linguistic Inquiry* 30, 509–542.

Cheng, Lisa Lai-Shen and Rint Sybesma (2005) "A Chinese Relative in Organizing Grammar," *Linguistic Studies in Honor of Henk van Riemsdijk*, ed. by Norbert Corver, Hans Broekhuis, Riny Huybregts, Ursula Kleinhenz, Jan Koster, 69–76, Mouton, Berlin.

Chierchia, Nennaro (1998) "Reference to Kinds across Languages," *Natural Language Semantics* 6, 339–405.

Chierchia, Nennaro (2010) "Mass Nouns, Vagueness and Semantic Variation," *Synthese* 174, 99–149.

Chomsky, Noam (1957) *Syntactic Structures*, Mouton, The Hague.

Chomsky, Noam (1965) *Aspects of the Theory of Syntax*, MIT Press, Cambridge, MA.

Chomsky, Noam (1970) "Deep Structure, Surface Structure, and Semantic Interpretation," *Studies in General and Oriental Linguistics Presented to Shirô Hattori on the Occasion of His Sixtieth Birthday*, ed. by Roman Jakobson and Shigeo Kawamoto, TEC Company, Tokyo.

Chomsky, Noam (1970) "Remarks on Nominalization," *Readings in English Transformational Grammar*, ed. by Roderick A. Jacobs and Peter S. Rosenbaum, 184–221, Ginn and Company, Waltham, MA.

Chomsky, Noam (1973) "Conditions on Transformations," *A Festschrift for Morris Halle*, ed. by Stephen Anderson and Paul Kiparsky, 232–286, Holt, Rinehart, and Winston, New York.

Chomsky, Noam (1977) "On Wh-movement," *Formal Syntax*, ed. by Peter Culicover, Thomas Wasow and Adrian Akmajian, 71–132, Academic Press, New York.

Chomsky, Noam (1981) *Lectures on Government and Binding*, Foris, Dordrecht.

Chomsky, Noam (1982) *Some Concepts and Consequences of the Theory of Government and Binding,* MIT Press, Cambridge, MA.

Chomsky, Noam (1986a) *Barriers*, MIT Press, Cambridge, MA.

Chomsky, Noam (1986b) *Knowledge of Language: Its Nature, Origin and Use*, Praeger, New York.

Chomsky, Noam (1993) "A Minimalist Program for Linguistic Theory," *The View from Building 20: Essays in Linguistics in Honor of Sylvain Bromberger*, ed. by Kenneth Hale and Samuel Jay Keyser, 1–52, MIT Press, Cambridge, MA.

Chomsky, Noam (1995) *The Minimalist Program*, MIT Press, Cambridge, MA.

Chomsky, Noam (2000) "Minimalist Inquiries: The Framework," *Step by Step*, ed.

by Roger Martin, David Michaels and Juan Uriagereka, 89-155, MIT Press, Cambridge, MA.

Chomsky, Noam (2001) "Derivation by Phase," *Ken Hale: A Life in Language*, ed. by Michael Kenstowicz, 1-52, MIT Press, Cambridge, MA.

Chomsky, Noam (2002) *On Nature and Language*, Cambridge University Press, Cambridge.

Chomsky, Noam (2005) "Three Factors in Language Design," *Linguistic Inquiry* 36, 1-22.

Chomsky, Noam (2011) "Language and Other Cognitive Systems. What is Special about Language?" *Language Learning and Development* 7, 263-278.

Chomsky, Noam (2013) "Problems of Projection," *Lingua* 130, 33-49.

Chomsky, Noam (2015) "Problems of Projection: Extensions," *Structures, Strategies and Beyond*, ed. by Elisa Di Domenico, Cornelia Hamann and Simona Matteini, 3-16, John Benjamins, Amsterdam.

Chomsky, Noam (2019) "Some Puzzling Foundational Issues: The Reading Program," *Catalan Journal of Linguistics Special Issue, 2019*, 263-285.

Chomsky, Noam and George A. Miller (1963) "Introduction to the Formal Analysis of Natural Languages," *Handbook of Mathematical Psychology, Vol. 2*, ed. by Robert D. Luce, Robert R. Bush and Eugene Galanter, 269-321, Wiley, New York.

Chomsky, Noam and Morris Halle (1968) *The Sound Pattern of English*, Harper & Row, New York.

Chomsky, Noam, and Howard Lasnik (1977) "Filters and Control," *Linguistic Inquiry* 8, 425-504.

Cinque, Guglielmo (1993) "A Null Theory of Phrase and Compound Stress," *Linguistic Inquiry* 24, 239-297.

Clements, George N (1978) "Tone and Syntax in Ewe," *Elements of Tone, Stress, and Intonation*, ed. by Donna Jo Napoli, 21-99, Georgetown University Press, Washington D.C.

Collins, Chris (2002) "Eliminating Labels," *Derivation and Explanation in the Minimalist Program*, ed. by Samuel David Epstein and T. Daniel Seely, 42-64, Blackwell, Oxford.

Comrie, Bernard (1989) *Language Universals and Linguistic Universals*, University of Chicago Press, Chicago.

Crain, Stephen and Mark Steedman (1985) "On Not Being Led up the Garden Path: The Use of Context by the Psychological Syntax Processor," *Natural Language Parsing: Psychological, Computational, and Theoretical Perspectives*, ed. by David R. Dowty, Lauri Karttunen and Arnold Zwicky, 320-358,

Cambridge University Press, Cambridge.

Cresswell, Max J. (1976) "The Semantics of Degree," *Montague Grammar*, ed. by Barbara Partee, 261-292, Academic Press, New York.

Cuetos, Fernando and Don C. Mitchell (1988) "Cross-Linguistic Differences in Parsing: Restrictions on the Use of the Late Closure Strategy in Spanish," *Cognition* 30, 73-105.

Culicover, Peter (1991) "Topicalization, Inversion, and Complementizers in English," ms., The Ohio State University.

Daneman, Meredyth and Patricia A. Carpenter (1980) "Individual differences in working memory and reading," *Journal of Memory and Language* 19, 450-466.

Davidson, Donald (1967) "The Logical Form of Action Sentences," *The Logic of Decision and Action*, ed. by Rescher Nicholas, 81-95, University of Pittsburgh Press, Pittsburgh.

Dayal, Veneeta (2004) "Number Marking and (In)definiteness in Kind Terms," *Linguistics and Philosophy* 27, 393-450.

Dayal, Veneeta (2011) "Bare Noun Phrases," *Semantics: An International Handbook of Natural Language Meaning* 33.2, ed. by Klaus von Heusinger, Claudia Maienborn and Paul Portner, 1087-1108, Mouton, Berlin and New York.

Deese, James and Roger A. Kaufman (1957) "Serial Effects in Recall of Unorganized and Sequentially Organized Verbal Material," *Journal of Experimental Psychology* 54, 180-187.

Diesing, Molly (1992) *Indefinites*, MIT Press, Cambridge, MA.

Dobashi, Yoshihito (2003) *Phonological Phrasing and Syntactic Dderivation*, Doctoral dissertation, Cornell University.

Dobashi, Yoshihito (2019) *Externalization: Phonological Interpretations of Syntactic Objects*, Routledge, London.

Durrleman, Stephanie and Ur Shlonsky (2015) "Focus and Wh in Jamaican Creole: Movement and Exhaustiveness," *Beyond Functional Sequence: The Cartography of Syntactic Structures,* Volume 10, ed. by Ur Shlonsky, 91-106, Oxford University Press, New York.

É. Kiss, Katalin (2010) "Structural Focus and Exhaustivity," *Information Structure: Theoretical, Typological, and Experimental Perspective*, ed. by Malte Zimmerman and Caroline Féry, 64-88, Oxford University Press, New York.

É. Kiss, Katalin (2014) "Identificational Focus Revisited: The Issue of Exhaustivity," paper presented at CLS 50.

Elfner, Emily (2018) "The Syntax-Prosody Interface: Current Theoretical Approaches and Outstanding Questions," *Linguistic Vanguard* 4, Article #20160081.

Endo, Yoshio（2007）*Locality and Information Structure,* John Benjamins, Amsterdam.

遠藤喜雄（2014）『日本語カートグラフィー序説』くろしお出版，東京.

遠藤喜雄・前田雅子（2020）『カートグラフィー』開拓社，東京.

Epstein, Samuel David, Erich M. Groat, Ruriko Kawashima and Hisatsugu Kitahara（1998）*A Derivational Approach to Syntactic Relations,* Oxford University Press, Oxford.

Erteschik-Shir, Nomi（2007）*Information Structure: The Syntax-Discourse Interface,* Oxford University Press, Oxford.

Farkas, Donka and Henriëtte de Swart（2003）*The Semantics of Incorporation: from Argument Structure to Discourse Transparency,* CSLI Publications, Stanford.

Farkas, Donka and Henriëtte de Swart（2010）"The Semantics and Pragmatics of Plurals," *Semantics and Pragmatics* 3, 1–54.

Ferreira, Fernanda and Charles Clifton（1986）"The Independence of Syntactic Processing," *Journal of Memory and Language* 25, 348–368.

Ferreira, Fernanda and John M. Henderson（1993）"Reading Processes during Syntactic Analysis and Reanalysis," *Canadian Journal of Experimental Psychology* 47, 247–275.

Ferreira, Fernanda, Karl G. D. Bailey and Vittoria Ferraro（2002）"Good-enough Representations in Language Comprehension," *Current Directions in Psychological Science* 11, 11–15.

Féry, Caroline and Shinichiro Ishihara（2016）*The Oxford Handbook of Information Structure,* Oxford University Press, Oxford.

Fiengo, Robert（1977）"On Trace Theory," *Linguistic Inquiry* 8, 35–61.

Firbas, Jan（1959）"Thoughts on the Communicative Function of the Verb in English, German, and Czech," *Brno Studies in English* 1, 39–63.

Firbas, Jan（1964）"On Defining the Theme in Functional Sentence Analysis," *Travaux du Cercle Linguistique de Prague* 1, 267–280.

Ford, Marilyn（1983）"A Method for Obtaining Measures of Local Parsing Complexity throughout Sentences," *Journal of Verbal Learning and Verbal Behavior* 22, 203–218.

Fodor, Janet D. and Lyn Frazier（1980）"Is the Human Sentence Parsing Mechanism in ATN?" *Cognition* 8, 411–459.

Frascarelli, Mara（2000）*The Syntax-Phonology Interface in Focus and Topic Constructions in Italian,* Kluwer, Dordrecht.

Frascarelli, Mara（2007）"Subjects, Topics and the Interpretation of Referential *Pro*: An Interface Approach to the Linking of（Null）Pronouns," *Natural Lan-*

guage and Linguistic Theory 25, 691–734.

Frazier, Lyn（1978）*On Comprehending Sentences: Syntactic Parsing Strategies*, Doctoral dissertation, University of Connecticut.

Frazier, Lyn and Janet D. Fodor（1978）"The Sausage Machine: A New Two-Stage Parsing Model," *Cognition* 6, 291–325.

Frazier, Lyn and Keith Rayner（1982）"Making and Correcting Errors during Sentence Comprehension: Eye Movements in the Analysis of Structurally Ambiguous Sentences," *Cognitive Psychology* 14, 178–210.

福田稔・中村浩一郎・古川武史（2018）「最新の文構造研究と統語論の進展」『言語の構造と分析：統語論，音声学・音韻論，形態論』，西原哲雄（編），1–81，開拓社，東京.

Fukui, Naoki（1986）*A Theory of Category Projection and Its Applications*, Doctoral dissertation, MIT.

Fuß, Eric（2003/2007）"Cyclic Spell-Out and the Domain of Post-Syntactic Operations: Evidence from Complementizer Agreement," *Linguistic Analysis* 33, 267–302.

Gehrke, Berit（2015）"Adjectival Participles, Event Kind Modification and Pseudo-incorporation," *Natural Language Linguistic Theory* 33, 897–938.

Gehrke, Berit and Elena Castroviejo（2015）"Manner and Degree: An Introduction," *Natural Language Linguistic Theory* 33, 745–790.

Gehrke, Berit and Louise McNally（2011）"Frequency Adjectives and Assertions about Event Types," *Proceedings of SALT* 19, ed. by Ed Cormany, Satoshi Ito and David Luts, 180–197, CLC Publications, Ithaca.

Ghini, Micro（1993）"Φ-Formation in Italian: A New Proposal," *Toronto Working Papers in Linguistics* 12, 41–78.

Gibson, Edward（2000）"The Dependency Locality Theory: A Distance-Based Theory of Linguistic Complexity, *Image, Language, Brain*, ed. by Alec Marantz, Yasushi Miyashita and Wayne O'Neil, 95–126, MIT Press, Cambridge, MA.

Gibson, Edward, and James Thomas（1999）"Memory Limitations and Structural Forgetting: The Perception of Complex Ungrammatical Sentences as Grammatical." *Language and Cognitive Processes* 14, 225–248.

Giusti, Giuliana（1997）"The Categorial Status of Determiners," *The New Comparative Syntax*, ed. by Haegeman Liliane, 95–123, Pearson Longman, Harlow.

Göbbel, Edward（2013a）"Extraposition of Relative Clauses: Phonological Solutions," *Lingua* 136, 77–102.

Göbbel, Edward（2013b）"Extraposition of Defocused and Light PPs in English," *Rightward Movement in a Comparative Perspective*, ed. by Gert Webelhuth, Manfred Sailer, and Heik Walker, 399–438, Amsterdam, John Benjamins.

Göbbel, Edward (2020) *Extraposition from NP in English: Explorations at the Syntax-Phonology Interface*, De Gruyter, Berlin.

Gorrell, Paul (1987) *Theoretical and Methodological Issues in Natural Language Processing*, Doctoral dissertation, University of Connecticut.

Greenberg, Joseph (1963) "Some Universals of Grammar with Particular Reference to the Order of Meaningful Elements," *Universals of Language*, ed. by Joseph Greenberg, 73-113, MIT Press, Cambridge, MA.

Grimshaw, Jane (2000) "Locality and Extended Projection," *Lexical Specification and Insertion*, ed. by Peter Coopmans, Martin Everaert and Jane Grimshaw, 115-133, John Benjamins, Amsterdam.

Grodner, Daniel, and Edward Gibson (2005) "Consequences of the Serial Nature of Linguistic Input for Sentenial Complexity," *Cognitive Science* 29, 261-290.

Grosu, Alexander and Fred Landman (1998) Strange Relatives of the Third Kind, *Natural Language Semantics* 6, 125-170.

Gundel, Jeanett K. (1974) *The Role of Topic Comment in Linguistic Theory*, Doctoral dissertation, University of Texas at Austin.

Gussenhoven, Carlos (1992) "Sentence Accents and Argument Structure," *Thematic Structure: Its Role in Grammar*, ed. by Iggy M. Roca, 79-106, Foris, Berlin.

Haegeman, Liliane (2012) *Adverbial Clauses, Main Clause Phenomena, and the Composition of the Left Periphery: The Cartography of Syntactic Structures* Volume 8, Oxford University Press, Oxford.

Hale, John (2001) "A Probabilistic Earley Parser as a Psycholinguistic Model," *Proceedings of North American Association for Computational Linguistics*, Vol. 2, 159-166.

Halliday, M. A. K. (1967a) "Notes on Transitivity and Theme in English," *Journal of Linguistics* 3, 199-244.

Halliday, M. A. K. (1967b) *Intonation and Grammar in British English*, Mouton, The Hague.

Halliday, M. A. K. (1970) "Language Structure and Language Function," *New Horizons in Linguistics*, ed. by John Lyons, 140-165, Penguin Books, Harmondsworth.

Harada, S. I. (1973) "Counter-Equi NP Deletion," *Annual Bulletin, Research Institute of Logopedics and Phoniatrics* 7, 113-147, University of Tokyo.

Harada, S. I. (1976) "Honorifics," *Syntax and Semantics 5: Japanese Generative Grammar*, ed. by Masayoshi Shibatani, 499-561, Academic Press, New York.

原口庄輔・中村捷・金子義明(編) (2016)『増補版チョムスキー理論辞典』研究社, 東京.

橋本将・吉田光演 (2004)「日本語複数形態「たち」の定性・不定性について」『日本

言語学科 129 回大会予行原稿集』, 201-206.

Hayes, Bruce (1989) "The Prosodic Hierarchy in Meter," *Phonetics and Phonology 1: Rhythm and Meter*, ed. by Paul Kiparsky and Gilbert Youmans, 201-260, Academic Press, Orlando.

Heim, Irene (2000) "Degree Operators and Scope," *Proceedings of SALT* 10, ed. by Brendan Jackson and Tanya Matthews, 40-64.

Heim, Irene and Angelika Kratzer (1998) *Semantics in Generative Grammar*, Blackwell, Oxford.

Hiraiwa, Ken and Shinichiro Ishihara (2002) "Missing Links: Cleft, Sluicing, and "No Da" Constructions in Japanese," *MIT Working Papers in Linguistics* 43, 35-54.

Hofmeister, Philip and Ivan A. Sag (2010) "Cognitive Constraints and Island Effects," *Language* 86, 366-415.

Horvath, Julian (2010) "'Discourse Features,' Syntactic Displacement and the Status of Contrast," *Lingua* 120, 1346-1369.

Hosono, Mayumi (2013) *Object Shift in the Scandinavian Languages: Syntax, Information Structure, and Intonation*, Doctoral dissertation, Leiden University.

Inkelas, Sharon and Draga Zec (1995) "Syntax-Phonology Interface," *The Handbook of Phonological Theory*, ed. by John A. Goldsmith, 535-549, Blackwell, Oxford.

Ishihara, Shinichiro (2015) "Syntax-Phonology Interface," *Handbook of Japanese Phonetics and Phonology*, ed. by Haruo Kubozono, 569-618, De Gruyter, Berlin.

Ishihara, Shinichiro (2016) "Japanese Downstep Revisited," *Natural Language & Linguistic Theory* 34, 1389-1443.

Ito, Junko and Armin Mester (2013) "Prosodic Subcategories in Japanese," *Lingua* 124, 20-40.

Izumi, Yu (2011) "Interpreting Bare Nouns: Type-Shifting vs. Silent Heads," *The Proceedings of SALT* 21, ed. by Neil Ashton, Anca Chereches and David Lutz, 481-494, CLC Publications, Ithaca.

Jiang, Li Julie (2018) "Definiteness in Nuosu Yi and the Theory of Argument Formation," *Linguistics and Philosophy* 41, 1-39.

Johansson, Sverker (2013) "Biolinguistics or Physicolinguistics? Is the Third Factor Helpful or Harmful in Explaining Language?" *Biolinguistics* 7, 249-275.

Just, Marcel Adam, Patricia A. Carpenter and Timothy A. Keller (1996) "The Capacity Theory of Comprehension: New Frontiers of Evidence and Arguments," *Psychological Review* 103, 773-780.

影山太郎 (1993)『文法と語形成』ひつじ書房, 東京.

Kahnemuyipour, Arsalan（2009）*The Syntax of Sentential Stress*, Oxford University Press, Oxford.

Kamide, Yuki and Don C. Mitchell（1999）"Incremental Pre-head Attachment in Japanese," *Language and Cognitive Processes* 14, 631–662.

Kamide, Yuki, Gerry T. Altmann and Sarah L. Haywood（2003）"The Time-course of Prediction in Incremental Sentence Processing: Evidence from Anticipatory Eye Movements," *Journal of Memory and language* 49, 133–156.

Kandybowicz, Jason（2006）"Comp-Trace Effects Explained Away," *Proceedings of the 25th West Coast Conference on Formal Linguistics*, ed. by Donald Baumer, David Montero and Michael Scanlon, 220–228, Cascadilla Proceedings Project, Somerville, MA.

Kawahara, Shigeto and Takahito Shinya（2008）"The Intonation of Gapping and Coordination in Japanese: Evidence for Intonational Phrase and Utterance," *Phonetica* 65, 62–105.

Kenesei, István and Irene Vogel（1995）"Focus and Phonological Structure," ms., University of Szeged and University of Delaware.

Kennedy, Christopher（1999）*Projecting the Adjectives: The Syntax and Semantics of Gradability and Comparison*, Garland, New York.

Kennedy, Christopher（2007）"Vagueness and Grammar: the Semantics of Relative and Absolute Gradable Adjectives," *Linguistics and Philosophy* 30, 1–45.

Kennedy, Christopher and Beth Levin（2008）"Measure of Change: the Adjectival Core of Degree Achievements," *Adjectives and Adverbs: Syntax, Semantics and Discourse*, 156–182, Oxford University Press, Oxford.

Kimball, John（1973）"Seven Principles of Surface Structure Parsing in Natural Language," *Cognition* 2, 15–47.

Kimiko Nakanishi and Tomioka Satoshi（2003）"On Japanese Associative Plurals," *Proceedings of NELS* 32, ed. by Masako Hirotani, 423–439, GLSA, Amherst, MA.

King, Jonathan and Marcel A. Just（1991）"Individual Differences in Syntactic Processing: The Role of Working Memory," *Journal of Memory and Language* 30, 580–602.

Kington, Roger（1958）*The Groundwork of English Intonation*, Longman, London.

岸本秀樹（2005）『統語構造と文法関係』くろしお出版，東京.

Kishimoto, Hideki（2007）"Negative Scope and Head Raising in Japanese," *Lingua* 117, 247–288.

Kishimoto, Hideki（2008）"On the Variability of Negative Scope in Japanese," *Journal of Linguistics* 44, 379–435.

岸本秀樹（2008）「補文をとる動詞と形容詞：コントロールと上昇」『日英対照　形容

詞・副詞の意味と構文』, 影山太郎 (編), 152-190, 大修館書店, 東京.

Kishimoto, Hideki (2009) "Topic Prominency in Japanese," *The Linguistic Review* 26, 465-513.

Kishimoto, Hideki (2010) "Subjects and Constituent Structure in Japanese," *Linguistics* 48, 629-670.

Kishimoto, Hideki (2012) "Subject Honorification and the Position of Subjects in Japanese," *Journal of East Asian Linguistics* 21, 1-41.

Kishimoto, Hideki (2013) "Verbal Complex Formation and Negation in Japanese," *Lingua* 135, 132-154.

岸本秀樹 (2016)「文の構造と格関係」『日本語文法ハンドブック——言語理論と言語獲得の観点から——』, 村杉恵子・斎藤衛・宮本陽一・瀧田健介 (編), 102-145, 開拓社, 東京.

Kishimoto, Hideki (2017) "Negative Polarity, A-Movement, and Clause Architecture in Japanese," *Journal of East Asian Linguistics* 17, 109-161.

Kishimoto, Hideki (2018) "Projection of Negative Scope in Japanese"『言語研究』153, 5-39.

岸本秀樹 (2019a)「軽動詞構文における意味役割付与のメカニズム」『レキシコンの現代理論とその応用』, 岸本秀樹 (編), くろしお出版, 東京.

岸本秀樹 (2019b)「軽動詞構文の移動現象：項上昇と名詞編入」『言語におけるインターフェイス』, 西原哲雄・都田青子・中村浩一郎・米倉よう子 (編), 11-24, 開拓社, 東京.

Kitagawa, Chisato and Claudia Ross (1982) "Prenominal Modification in Chinese and Japanese," *Linguistic Analysis* 9, 19-53.

Kluender, Robert and Marta Kutas (1993) "Subjacency as a Processing Phenomenon," *Language and Cognitive Processes* 8, 573–633.

Koizumi, Masatoshi (1995) *Phrase Structure in Minimalist Syntax*, Doctoral dissertation, MIT.

Konieczny, Lars (2000) "Locality and Parsing Complexity," *Journal of Psycholinguistic Research* 29, 627-645.

Konieczny, Lars and Philipp Döring (2003) "Anticipation of Clause-Final Heads: Evidence from Eye-Tracking and SRNs," *Proceedings of the 4th International Conference on Cognitive Science*, 330–335.

Koopman, Hilda and Dominique Sportiche (1991) "On the Position of Subjects," *Lingua* 85, 211-258.

Kratzer, Angelika (1995) "Stage-level and Individual-level Predicates," *The Generic Book*, ed. by Gregory N. Carlson and Francis Jeffry Pelletier, 125-175, University of Chicago Press, Chicago.

Kratzer, Angelika (1996) "Severing the External Argument from Its Verb," *Phrase*

Structure and the Lexicon, ed. by Johan Rooryck and Laurie Zaring, 109-137, Kluewer, Dordrecht.

Kratzer, Angelika and Elizabeth Selkirk (2007) "Phase Theory and Prosodic Spell-out: The Case of Verbs," *The Linguistic Review* 24, 93-135.

Krifka, Manfred (1990) "Four Thousand Ships Passed through the Lock: Object-induced Measure Functions on Events," *Linguistics and Philosophy* 12, 487-520.

Krifka, Manfred (1995) "Common Nouns: A Contrastive Analysis of English and Chinese," *The Generic Book*, ed. by Gregory Carlson and Francis J. Pelletier, 398-411, University of Chicago Press, Chicago.

Krifka, Manfred (2007) "Basic Notions of Information Structure," *Interdisciplinary Studies on Information Structure* Volume 6, ed. by Caroline Féry, Gisbert Fanslow and Manfred Krifka, 13-56, Universatätsverlag Potsdam.

Kubozono, Haruo (1993) *The Organization of Japanese Prosody*, Kurosio Publishers, Tokyo.

窪薗晴夫 (1998)『音声学・音韻論』くろしお出版，東京.

Kuno, Susumu (1973) *The Structure of the Japanese Language*, MIT Press, Cambridge, MA.

Kuroda, S.-Y. (1965) *Generative Grammatical Studies in the Japanese Language*, Doctoral dissertation, MIT.

Kuroda, S.-Y. (1988) "Whether We Agree or Not: A Comparative Syntax of English and Japanese," *Linguisticae Investigationes* 12, 1-47.

Kutas, Marta and Steven A. Hillyard (1980) "Reading Senseless Sentences: Brain Potentials Reflect Semantic Incongruity," *Science* 207, 203-205.

Ladd, D. Robert (1986) "Intonational Phrasing: The Case for Recursive Prosodic Structure," *Phonology Yearbook* 3, 311-340.

Ladd, D. Robert (1996) *Intonational Phonology*, Cambridge University Press. Cambridge.

Lambrecht, Knud (1994) *Information Structure and Sentence Form: Topic, Focus, and the Mental Representations of Discourse Referents*, Cambridge University Press, Cambridge.

Landman, Meredith and Marcin Morzycki (2003) "Event-kinds and Manner Modification," *Proceedings of the thirty-first Western Conference on Linguistics*, ed. by Nancy Mae Antrim, Grant Goodall, Martha Schulte-Nafeh and Vida Samian, 136-147, California State University, Fresno.

Larson, Richard K. (1988) "On the Double Object Construction," *Linguistic Inquiry* 19, 335-391.

Legendre, Géraldine, Jane Grimshaw and Sten Vikner, eds. (2001) *Optimality-Theoretic Syntax*, MIT Press, Cambridge, MA.

Levy, Roger (2008) "Expectation-Based Syntactic Comprehension," *Cognition* 106, 1126-1177.

Levy, Roger and Frank Keller (2013) "Expectation and Locality Effects in German Verb-final Structures," *Journal of Memory and Language* 68, 199-222.

Li, Audrey, Andrew Simpson and Wei-Tien Dylan Tsai (2015) *Chinese Syntax in a Cross-linguistic Perspective*, Oxford University Press, Oxford.

Li, Yen-Hui Audrey (1999) "Plurality in a Classifier Language," *Journal of East Asian Linguistics* 8, 75-99.

Lobeck, Anne. (1990) "Functional Heads as Proper Governors," *Proceedings of the North East Linguistic Society* 20, 348-362, University of Massachusetts, Amherst.

Longobardi, Giuseppe (1994) "Reference and Proper Names," *Linguistic Inquiry* 25, 609-665.

Lu, Pung (2003) *La Subordination Adverbiale en Chinois Contemporain*, Doctoral dissertation, University Paris 7.

MacDonald, Maryellen C. and Morten H. Christiansen (2002) "Reassessing Working Memory: Comment on Just and Carpenter (1992) and Waters and Caplan (1996)," *Psychological Review* 109, 35-54.

MacWhinney, Brian (1977) "Starting points," *Language* 53, 152-168.

Marti, Luisa (2020) "Inclusive Plurals and the Theory of Number," *Linguistic Inquiry* 51, 32-74.

Mathesius, Vilem (1928) "On Linguistic Characterology with Illustrations from Modern English," *A Prague School Reader in Linguistics*, ed. by Josef Vachek, Indiana University Press, Bloomington.

McCarthy, John and Alan Prince (1993) "Generalized Alignment," *Yearbook of Morphology 1993*, ed. by Geert Booij and Jaap van Marle, 79-153, Kluwer, Dordrecht.

McCloskey, Jim (1997) "Subjecthood and Subject Positions," *Elements of Grammar*, ed. by Liliane Haegeman, 197-235, Kluwer, Dordrecht.

Miyamoto, Edson T. (2002) "Case Markers as Clause Boundary Inducers in Japanese," *Journal of Psycholinguistic Research* 31, 307-347.

水口志乃扶 (2007)「類別詞言語の量化表現：日本語の量化詞と個別化関数」,『神戸大学言語学論叢』第 5 号, 143-160.

Molnár, Valéria, Verner Egerland and Susanne Winkler (2019) "Exploring the Architecture of Topic at the Interface of Grammar and Discourse," *Architecture of Topic*, ed. by Valéria Molnár, Verner Egerland and Susanne Winkler, 1-43, Walter de Gruyter, Berlin.

Montague, Richard (1974) *Formal Philosophy*, Yale University Press, New Havan,

214

CT.

Morzycki, Marcin (2016) *Modification*, Cambridge University Press, Cambridge.

Nagahara, Hiroyuki (1994) *Phonological Phrasing in Japanese*, Doctoral dissertation, University of California, Los Angeles.

中村浩一郎 (2011)「トピックと焦点――「は」と「かき混ぜ要素」の構造と意味機能」『70 年代生成文法再認識：日本語研究の地平』，長谷川信子（編），207–229，開拓社，東京.

Nakamura, Koichiro (2012) "Three kinds of *Wa*-marked Phrases and Topic-Focus Articulation in Japanese," *Generative Grammar in Geneva* 7, 33–47.

Nakamura, Koichiro (2017) "Japanese Particle *Wa* with a Focal Stress Provokes Exhaustive Identificational Focus," *Studies in Syntactic Cartography,* ed. by Fuzhen Si, 352–370, China Social Sciences Press, Beijing.

中村浩一郎 (2019)「英語の補文内におけるトピック・フォーカス構造のカートグラフィー分析」『言語におけるインターフェイス』，西原哲雄・都田青子・中村浩一郎・米倉よう子・田中真一（編），42–55，開拓社，東京.

Nakamura, Koichiro (2020) "Types and Functions of *Wa*-marked DPs and Their Structural Distributions," *Information Structural Perspective of Discourse Particles*, ed. by Pierre-Yves Modicom and Olivier Duplâtre, 161–175, John Benjamins, Amsterdam.

Nakamura, Koichiro (2021) "Another Argument for the Differences Among *Wa*-marked Phrases," *Current Issues in Syntactic Cartography: A Cross-Linguistic Perspective*, ed. by Fuzhen Si and Luigi Rizzi, John Benjamins, Philadelphia.

中村捷・金子義明・菊地朗 (2001)『生成文法の新展開：ミニマリスト・プログラム』研究社，東京.

Nakanishi, Kimiko and Satoshi Tomioka (2004) "On Japanese Associative Plurals," *Journal of East Asian Linguistics* 13, 113–140.

Nakatani, Kentaro (2021a) "Locality Effects in the Processing of Negative-Sensitive Adverbials in Japanese,"『言語研究の楽しさと楽しみ――伊藤たかね先生退職記念論文集――』(*The Joy and Enjoyment of Linguistics Research: A Festschrift for Takane Ito*)，岡部玲子・八島純・窪田悠介・磯野達也（編），462–472，開拓社，東京.

Nakatani, Kentaro (2021b) "Integrating Different Types of Long-Distance Dependency Chains: A Case Study of a Negative Polarity Dependency in Japanese," ms., to appear in *Issues in Japanese Psycholinguistics from Comparative Perspectives*, ed. by Masatoshi Koizumi, De Gruyter Mouton, Berlin.

Nakatani, Kentaro and Edward Gibson (2008) "Distinguishing Theories of Syntactic Expectation Cost in Sentence Comprehension: Evidence from Japanese," *Linguistics* 46, 63–87.

Nakatani, Kentaro and Edward Gibson (2010) "An On-Line Study of Japanese Nesting Complexity," *Cognitive Science* 34, 94-112.

Napoli, Donna Jo and Marina Nespor (1979) "The Syntax of Word-Initial Consonant Gemination in Italian," *Language* 55, 812-841.

Neeleman, Ad and Hans van de Koot (2016) "Word Order and Information Structure," *The Oxford Handbook of Information Structure*, ed. by Caroline Féry and Shinichiro Ishihara, 383-401, Oxford University Press, Oxford.

Nespor, Marina and Irene Vogel (1982) "Prosodic Domains and External Sandhi Rules," *The Structure of Phonological Representations (Part 1)*, ed. by Harry van der Hulst and Norval Smith, 225-255, Foris, Dordrecht.

Nespor, Marina, and Irene Vogel (1986) *Prosodic Phonology*, Foris, Dordrecht.

Newmeyer, Fredrick (2005) *Possible and Impossible Languages*, Oxford University Press, Oxford.

Nicenboim, Bruno, Pavel Logacev, Carolina Gattei and Shravan Vasishth (2016) "When High-capacity Readers Slow Down and Low-capacity Readers Speed Up: Working Memory and Locality Effects," *Frontiers in Psychology* 7, 1-24.

Ono, Hajime and Kentaro Nakatani (2014) "Integration Costs in the Processing of Japanese *Wh*-interrogative Sentences," *Studies in Language Sciences* 13, 13-31.

Ortega-Santos, Iván (2011) "On Relativized Minimality, Memory and Cue-Based Parsing," *Iberia* 3, 35-64.

Osterhout, Lee and Phillip J. Holcomb (1992) "Event-Related Brain Potentials Elicited by Syntactic Anomaly," *Journal of Memory and Language* 31, 785-806.

Pak, Marjorie (2008) *The Postsyntactic Derivation and Its Phonological Reflexes*, Doctoral dissertation, University of Pennsylvania.

Pan, Victor Junnan (2019) *Architecture of the Periphery in Chinese: Cartography and Minimalism*, Routledge, New York.

Parsons, Terence (1990) *Events in the Semantics of English: A Study in Subatomic Semantics*, MIT Press, Cambridge, MA.

Paul, Waltraud and John Whitman. (2017) "Topic Prominence," *The Wiley Blackwell Companion to Syntax*, ed. by Martin Everaert and Henk C. van Riemsdijk, 1-31, John Wiley, Oxford.

Phillips, Colin (2006) "The Real-Time Status of Island Constraints," *Language* 82, 795-823.

Piriyawiboon, Nattaya (2010) *Classifiers and Determiner-less Languages: The Class of Thai*, Doctoral dissertation, University of Toronto.

Pollock, Jean-Yves (1989) "Verb Movement, Universal Grammar, and the Structure of IP," *Linguistic Inquiry* 20, 365-424.

Radford, Andrew (2018) *Colloquial English: Structure and Variation*, Cambridge University Press, Cambridge.

Rayner, Keith, Marcia Carlson and Lyn Frazier (1983) "The Interaction of Syntax and Semantics during Sentence Processing: Eye Movements: The Analysis of Semantically Biased Sentences," *Journal of Verbal Learning and Verbal Behavior* 22, 358–374.

Richards, Norvin (2016) *Contiguity Theory*, MIT Press, Cambridge, MA.

Rizzi, Luigi (1997) "The Fine Structure of the Left Periphery," *Elements of Grammar*, ed. by Liliane Haegeman, 281–337, Kluwer, Dordrecht.

Rizzi, Luigi (2004) "Locality and Left Periphery," *Structures and Beyond: Cartography of Syntactic Structures* Volume 3, ed. by Adriana Belletti, 104–131, Oxford University Press, Oxford.

Rizzi, Luigi. 1990. *Relativized Minimality*, MIT Press, Cambridge, MA.

Roberts, Ian (1988) "Predicative APs," *Linguistic Inquiry* 19, 703–710.

Rooth, Mats (1985) *Association with Focus*, Doctoral dissertation, University of Massachusetts, Amherst.

Rooth, Mats (1992) "A Theory of Focus Interpretation," *Natural Language Semantics* 1, 75–116.

Ross, John Robert (1967) *Constraints on Variables in Syntax*, Doctoral dissertation, MIT.

Ross, John Robert (1986) *Infinite Syntax!*, Ablex Publishing, Norwood, NJ.

Saito, Mamoru (2010) "Sentence Types and the Japanese Right Periphery," ms., Nanzan University and University of Connecticut.

Saito, Mamoru, T.-H. Jonah Lin and Keiko Murasugi (2008) "N'-ellipsis and the Structure of Noun Phrases in Chinese and Japanese," *Journal of East Asian Linguistics* 17, 247–271.

Saito, Shogo (2020) *Derivations from Syntax to Phonology and Their Constraints*, Doctoral dissertation, Tohoku University.

Samek-Lodovici, Vieri (2015) *The Interpretation of Focus, Givenness, and Prosody: A Study of Italian Clause Structure*, Oxford University Press, Oxford.

Samuels, Bridget D. (2011) *Phonological Architecture: A Biolinguistic Perspective*, Oxford University Press, Oxford.

Sato, Yosuke and Yoshihito Dobashi (2016) "Prosodic Phrasing and the *That*-trace Effect," *Linguistic Inquiry* 47, 333–349.

Sauerland, Uli, Jan Anderssen and Kazuko Yatsushiro (2005) "The Plurals is Semantically Unmarked," *Linguistic Evidence—Empirical, Theoretical, and Computational Perspectives*, ed. by Stefan Kepser and Marga Reis, 409–430, Mouton, Berlin.

Scheer, Tobias （2012） *Direct Interface and One-Channel Translation: A Non-Diacritic Theory of the Morphosyntax-Phonology Interface,* Mouton de Gruyter, Berlin.

Seidl, Amanda （2001） *Minimal Indirect Reference: A Theory of the Syntax-Phonology Interface*, Routledge, London.

Selkirk, Elisabeth （1972） *The Phrase Phonology of English and French*, Doctoral dissertation, MIT.

Selkirk, Elisabeth （1980） "Prosodic Domains in Phonology: Sanskrit Revisited," *Juncture*, ed. by Mark Aronoff and Mary-Louise Kean, 107-129, Anma Libri, Saratoga, CA.

Selkirk, Elisabeth （1984） *Phonology and Syntax,* MIT Press, Cambridge, MA.

Selkirk, Elisabeth （1986） "On Derived Domains in Sentence Phonology," *Phonology Yearbook* 3, 371-405.

Selkirk, Elisabeth （1996） "The Prosodic Structure of Function Words," *Signal to Syntax: Bootstrapping from Speech to Grammar in Early Acquisition*, ed. by James L. Morgan and Katherine Demuth, 187-213, Lawrence Erlbaum, Mahwah, NJ.

Selkirk, Elisabeth （2009） "On Clause and Intonational Phrase in Japanese: The Syntactic Grounding of Prosodic Constituent Structure," *Gengo Kenkyu* 136, 35-73.

Selkirk, Elisabeth （2011） "The Syntax-Phonology Interface," *The Handbook of Phonological Theory, Second Edition*, ed. by John Goldsmith, Jason Riggle and Alan C. L. Yu, 435-484, Wiley-Blackwell, Oxford.

Selkirk, Elisabeth and Koichi Tateishi （1991） "Syntax and Downstep in Japanese," *Interdisciplinary Approaches to Language: Essays in Honor of S.-Y. Kuroda*, ed. by Carol Georgopoulos and Roberta Ishihara, 519-543, Kluwer, Dordrecht.

Selkirk, Elisabeth and Seunghun J. Lee （2015） "Constituency in Sentence Phonology: An Introduction," *Phonology* 32, 1-18.

Sells, Peter, eds. （2001） *Formal and Empirical Issues in Optimality Theoretic Syntax*, CSLI Publications, Stanford.

Shibatani, Masayoshi （1973） "Where Morphology and Syntax Clash: A Case of Japanese Aspectual Verbs,"『言語研究』64, 65-96.

柴谷方良 （1978）『日本語の分析』大修館書店，東京．

Shiobara, Kayono （2010） *Derivational Linearization at the Syntax-Prosody Interface*, Hituzi Syobo, Tokyo.

Shiobara, Kayono （2020） "A Note on Multiple Left Branch Extraction," *Phonological Externalization* 5, ed. by Hisao Tokizaki, 1-12, Sapporo University.

Simpson, Andrew （2003） "On the Status of 'Modifying' DE and the Structure of

218

the Chinese DP," *On the Formal Way to Chinese Languages*, ed. by Sze-Wing Tang and Chen-Sheng Luther Liu, 74–101, CSLI, Stanford.

Sobin, Nicholas (2002) "The Comp-trace Effect, the Adverb Effect and Minimal CP," *Journal of Linguistics* 38, 527–560.

Spector, Benjamin (2007) "Aspects of the Pragmatics of Plural Morphology: On Higher-Order Implicatures," *Presuppositions and Implicatures in Compositional Semantics*, ed. by Uli Sauerland and Penka Stateva, 243–281, Palgrave Macmillan, Houndmills.

Spivey, Michael J., Michael K. Tanenhaus, Kathleen M. Eberhard and Julie C. Sedivy (2002) "Eye Movements and Spoken Language Comprehension: Effects of Visual Context on Syntactic Ambiguity Resolution," *Cognitive Psychology* 45, 447–481.

Sportiche, Dominique (1988) "A Theory of Floating Quantifiers and Its Corollaries for Constituent Structure," *Linguistic Inquiry* 19, 425–449.

Sprouse, Jon, Matt Wagers and Colin Phillips (2012) "A Test of the Relation between Working-Memory Capacity and Syntactic Island Effects," *Language* 88, 82–123.

Stowe, Laurie A. (1986) "Parsing WH-Constructions: Evidence for On-line Gap Location," *Language and Cognitive Processes* 1, 227–245.

Sturt, Patrick, Christoph Scheepers and Martin Pickering (2002) "Syntactic Ambiguity Resolution after Initial Misanalysis: The Role of Recency," *Journal of Memory and Language* 46, 371–390.

Sudo, Yasutada (2016) "The Semantic Role of Classifiers in Japanese," *The Baltic International Yearbook of Cognition, Logic and Communication* 11, 1–15.

Sugahara, Mariko (2003) *Downtrends and Post-Focus Intonation in Tokyo Japanese*, Doctoral dissertation, University of Massachusetts, Amherst.

菅原真理子（編）(2014)『音韻論』朝倉書店，東京.

Svoboda, Ales (1968) "The Hierarchy of Communicative Units and Fields as Illustrated by English Attributive Constructions," *Brno Studies in English* 7, 49–101.

Szabolcsi, Anna (1994) "The Noun Phrase," *The Syntactic Structure of Hungarian. Syntax and Semantics* 27, ed. by Ferenc Kiefer and Katalin É. Kiss, 179–275, Academic Press, San Diego.

Szabolcsi, Anna (1997) *Ways of Scope Taking*, Kluwer, Dordrecht.

Takano, Yuji (2014) "A Comparative Approach to Japanese Postposing," *Japanese Syntax in Comparative Perspective*, ed. by Mamoru Saito, 139–180, Oxford University Press, Oxford.

竹沢幸一・ジョン・ホイットマン (1998)『格と語順と統語構造』研究社，東京.

田中拓郎 (2016)『形式意味論入門』開拓社，東京.

Tokizaki, Hisao (2011) "The Nature of Linear Information in the Morphosyntax-PF Interface," *English Linguistics* 28, 227–257.

Tokizaki, Hisao and Yasutomo Kuwana (2013) "A Stress-Based Theory of Disharmonic Word Orders," *Theoretical Approaches to Disharmonic Word Orders*, ed. by Theresa Biberauer and Michelle Sheehan, 190–215, Oxford University Press, Oxford.

Tomioka, Satoshi (2010) "Contrastive Topic Operates on Speech Act," *Information Structure: Theoretical, Typological, and Experimental Perspective*, ed. by Malte Zimmerman and Caroline Féry, 115–138, Oxford University Press, Oxford.

Tomoioka, Satoshi (2016) "Information Structure in Japanese," *The Oxford Handbook of Information Structure*, ed. by Caroline Féry and Shinichiro Ishihara, 753–773, Oxford University Press, Oxford.

Truckenbrodt, Hubert (1995) *Phonological Phrases: Their Relation to Syntax, Focus, and Prominence*, Doctoral dissertation, MIT.

Truckenbrodt, Hubert (1999) "On the Relation between Syntactic Phrases and Phonological Phrases," *Linguistic Inquiry* 30, 219–255.

Trueswell, John C., Michael K. Tanenhaus and Christopher Kello (1993) "Verb-Specific Constraints in Sentence Processing: Separating Effects of Lexical Preference from Garden-Paths," *Journal of Experimental Psychology: Learning, Memory, and Cognition* 19, 528–553.

Trueswell, John C., Michael K. Tanenhaus and Susan Garnsey (1994) "Semantic Influences on Parsing: Use of Thematic Role Information in Syntactic Ambiguity Resolution," *Journal of Memory and Language* 33, 285–318.

Tsai, Wein-Tien Dylan (2015) "A Tale of Two Peripheries: Evidence from Chinese Adverbials, Light Verbs, Applicatives, and Object Fronting," *The Cartography of Chinese Syntax: The Cartography of Syntactic Structures* Volume 11, ed. by Wein-Tien Dylan Tsai, 1–32, Oxford University Press, Oxford.

Tyler, Matthew (2019) "Simplifying Match Word: Evidence from English Functional Categories," *Glossa* 4, 1–32.

Uriagereka, Juan (1999) "Multiple Spell-Out," *Working Minimalism*, ed. by Samuel Epstein and Norbert Hornstein, 251–282, MIT Press, Cambridge, MA.

Utsuboe, Shizuka (2012) *Function-driven Movement: Left Peripheries in English*, Kaitakusha, Tokyo.

Van Dyke, Julie and Richard L. Lewis (2003) "Distinguishing Effects of Structure and Decay on Attachment and Repair: A Retrieval Interference Theory of Recovery from Misanalyzed Ambiguities," *Journal of Memory and Language* 49, 285–413.

Van Geenhoven, Veerle (1998) *Semantic Incorporation and Indefinite Descriptions*, CSLI Publications, Stanford.

Vasishth, Shravan and Richard L. Lewis (2006) "Argument-Head Distance and Processing Complexity: Explaining Both Locality and Antilocality Effects," *Language* 82, 767–794.

Vendler, Zeno (1967) *Linguistics in Philosophy*, Cornell University Press, Ithaca, NY.

Vermuelen, Reiko (2012) "Word Order Variation and Information Structure in Japanese and Korean," *The Syntax of Topic, Focus, and Contrast: An Interface-based Approach*, ed. by Ad Neelman and Reiko Vermuelen, 77–118, Walter de Gruyter, Berlin.

Wanner, Eric and Michael Maratsos (1978) "An ATN Approach to Comprehension," *Linguistic Theory and Psychological Reality*, ed. by Morris Halle, Joan Bresnan and George Miller, 119–161, MIT Press, Cambridge, MA.

Watanabe, Akira (2006) "Functional Projections of Nominals in Japanese: Syntax of Classifiers," *Natural Language and Linguistic Theory* 24, 241–306.

Wilkinson, Karina (1991) *Studies in the Semantics of Generic NP's*, Doctoral dissertation, University of Massachusetts Amherst.

Yanagida, Yuko (1995) *Focus Projection and Wh-head Movement*, Doctoral dissertation, Cornell University.

Yatsushiro, Kazuko, Uli Sauerland and Artemis Alexiadou (2017) "The Unmarkedness of Plural: Crosslinguistic Data," *Proceedings of the 41st Annual Boston University Conference on Language Development*, ed. by Maria Lamendola and Jennifer Scott, 753–765, Cascadilla Press, Somerville.

Yngve, Victor H. (1960) "A Model and a Hypothesis for Language Structure," *Proceedings of the American Philosophical Society* 104, 444–466.

吉田光演 (2002)『名詞表現の統語論的・意味論的・語用論的対象研究』, 平成 15 年度～平成 17 年度科学研究費補助金 (基盤研究 (C)) 研究成果報告書.

Zamparelli, Roberto (1995) *Layers in the Determiner Phrase*, Doctoral dissertation, University of Rochester.

Zubizarreta, Maria Luisa (1998) *Prosody, Focus, and Word Order*, Cambridge, MA, MIT Press.

Zweig, Eytan (2009) "Number-neutral Bare Plurals and the Multiplicity Implicature," *Linguistics and Philosophy* 32, 353–407.

索　引

1. 日本語は五十音順に並べてある．英語（などで始まるもの）は
   アルファベット順で，最後に一括してある．
2. 数字はページ数を示し，n は脚注を表す．

221

224

【執筆者紹介】（掲載順）

土橋 善仁（どばし　よしひと）1973 年生まれ.
中京大学国際学部教授，専門分野は理論言語学，統語論，統語-音韻インターフェイス.
主要業績："Autonomy of Prosody and Prosodic Domain Formation: A Derivational Approach"（*Linguistic Analysis* 38, 2013），"Prosodic Phrasing and the *That*-Trace Effect"（*Linguistic Inquiry* 47, 2016, co-authored with Yosuke Sato），"A Prosodic Account of -*Yo* Attachment in Korean"（*Journal of East Asian Linguistics* 25, 2016, co-authored with Changguk Yim），*Externalization*（Routledge, 2019）など.

岸本 秀樹（きしもと　ひでき）1960 年生まれ.
神戸大学大学院人文学研究科教授，専門分野は統語論，語彙意味論.
主要業績：*Handbook of Japanese Lexicon and Word Formation*（共編, De Gryter Mouton, 2016），*Topics in Theoretical Asian Linguistic*s: *Studies in Honor of John B. Whitman*（共編, John Benjamins, 2018），"Syntactic Verb-verb Compounds in Japanese"（*Verb-Verb Complexes in Asian Languages*, ed. by Taro Kageyama, Peter Hook and Prashant Pardeshi, Oxford University Press, 2021），"ECM Subjects in Japanese"（*Journal of East Asian Linguistics,* 2021）など.

毛利 史生（もうり　ふみお）1971 年生まれ.
福岡大学人文学部英語学科教授，専門分野は，理論言語学，統語論と意味論のインターフェイス研究.
主要業績："Non-agent Subjects and Sloppy Readings"（*English Linguistics* 19(2), 2002），"On the Denotation and Interpretation of Japanese Nominals from a Minimalist Point of View"（*Linguistic Analysis* 32(1-2), 2005），"The Particle Mo in Japanese and Its Roles in Numeral Indeterminate Phrases"（*Proceedings of PLC* 40, ed. by Kajsa Djärv and Amy Goodwin Davies, 2017），"Degree Nominals in Japanese and Chinese Comparatives"（*MIT Working Papers in Linguistics* 84–85（*Proceedings of GLOW in Asia XI*, co-authored with Rai Tei), ed. by Michael Yoshitaka Erlewine, 2018）など.

中谷 健太郎（なかたに　けんたろう）1967 年生まれ.
甲南大学文学部教授，専門分野は理論言語学，意味論，心理言語学（文理解）.
主要業績："Processing Complexity of Complex Predicates: A Case Study in Japanese"（*Linguistic Inquiry* 37, 2006），"An On-line Study of Japanese Nesting Complexity"（*Cognitive Science* 34, 2010），*Predicate Concatenation: A Study of the V-te V Predicate in Japanese*（Kurosio Publishers, 2013），『パソコンがあればでき

る！ことばの実験研究の方法』（編著，ひつじ書房，2019）など．

中村 浩一郎（なかむら　こういちろう）1964 年生まれ．
名桜大学国際学群教授，専門分野は理論言語学，統語論，カートグラフィー．
主要業績："Japanese Particle *Wa* with a Focal Stress Provokes Exhaustive Identification Focus" (*Studies on Syntactic Cartography*, ed. by Fuzhen Si, China Social Sciences Press, 2017)，『言語におけるインターフェイス』（共著・共編，開拓社，2019），"Types and Functions of *Wa*-marked DPs and their Structural Distribution in a Japanese Sentence" (*Information-Structural Perspectives on Discourse Particles*, ed. by Pierre-Yves Modicom and Olivier Duplâtre, John Benjamins, 2020)，"Another Argument for the Differences Among *Wa*-marked Phrases" (*Current Issues in Syntactic Cartography: A Cross-Linguistic Perspective*, ed. by Fuzhen Si and Luigi Rizzi, John Benjamins, 2021）など．

【監修者紹介】

西原　哲雄（にしはら　てつお）　　　藍野大学 教授

都田　青子（みやこだ　はるこ）　　　津田塾大学 教授

中村浩一郎（なかむら　こういちろう）　名桜大学 教授

米倉よう子（よねくら　ようこ）　　　奈良教育大学 准教授

田中　真一（たなか　しんいち）　　　神戸大学 教授

言語のインターフェイス・分野別シリーズ　第 1 巻

統語論と言語学諸分野とのインターフェイス

監修者	西原哲雄・都田青子・中村浩一郎・米倉よう子・田中真一
編　者	中村浩一郎
著作者	土橋善仁・岸本秀樹・毛利史生・中谷健太郎・中村浩一郎
発行者	武村哲司
印刷所	日之出印刷株式会社

2021 年 11 月 24 日　第 1 版第 1 刷発行©

発行所　　株式会社　開 拓 社

〒 112-0013 東京都文京区音羽 1-22-16
電話　（03）5395-7101（代表）
振替　00160-8-39587
http://www.kaitakusha.co.jp

ISBN978-4-7589-1356-0　C3380